OEUVRES

COMPLÈTES

DE FLORIAN.

Nouvelle Édition,

ORNÉE DE DEUX PORTRAITS
ET DE QUATRE-VINGTS GRAVURES D'APRÈS DESENNE.

NOUVELLES.

TOME I.

PARIS,

LADRANGE, LIBRAIRE,
QUAI DES AUGUSTINS, N° 19;

FURNE, MÊME QUAI, N° 37.

M DCCC XXIX.

OEUVRES

COMPLÈTES

DE FLORIAN.

—

TOME III.

IMPRIMERIE DE H. FOURNIER, RUE DE SEINE, N. 14.

A S. A. S.

MADAME LA PRINCESSE

DE LAMBALLE.

PRINCESSE, pardonnez, en lisant cet ouvrage,
Si vous y retrouvez, crayonnés par ma main,
    Les traits charmans de votre image;
J'ai voulu de mon livre assurer le destin.

Pour embellir mes héroïnes,
A l'une j'ai donné votre aimable candeur,
A l'autre ce regard, ce sourire enchanteur,
Ces graces à la fois et naïves et fines;
Ainsi partageant vos attraits
Entre ma Célestine, Elvire et Félicie,
Il a suffi d'un de vos traits
Pour que chacune fût jolie.

BLIOMBÉRIS.

NOUVELLE FRANÇAISE.

J'ai toujours aimé les romans de chevalerie, surtout ceux dont les héros sont français. La valeur, l'esprit, les graces, l'étourderie même des guerriers de cette nation, les rendent plus aimables et plus intéressans que tous les autres. Il semble que c'est pour des Français que la chevalerie dut être inventée; et cependant ils ne veulent plus de ces livres qui enchantaient leurs aïeux.

Je crois avoir trouvé la raison de ce peu de goût pour les histoires de chevalerie. Certainement nos officiers sont aussi braves et aussi galans que les anciens paladins; nos princesses et nos jeunes dames sont aussi belles et aussi tendres que celles d'autrefois : mais cette scrupuleuse fidélité, cette éternelle constance dont parlent à chaque page nos vieux romans, ont rendu leur lecture insipide. On aurait passé les géans pourfendus; on n'a pu passer les amans fidèles. De telles fictions ne nous peignent rien, et l'on a rejeté des livres qui étaient trop loin de nos mœurs.

Je veux pourtant vous raconter la vieille histoire
d'un chevalier de la table ronde. Vous verrez,
comme dans toutes leurs chroniques, des combats,
de l'amour, des aventures. Je ne vous apprendrai
rien de nouveau : en fait de mensonges, l'on a tout
dit : mais heureusement on peut varier encore sur
la manière de mentir.

Pharamond régnait en France ; il avait soumis
par ses armes tous les rois de cette contrée. Là
belle Rosemonde partageait son trône, et lui était
plus chère que sa gloire même. Le monarque français, après quarante années de victoires, s'était
aperçu que le bonheur n'est pas dans les conquêtes ;
et il ne s'occupait dans Tournay, sa capitale, que
de rendre heureux son peuple, son épouse et ses
enfans.

Le prince Clodion, son fils, à peine à sa seizième
année, s'était déjà signalé dans plusieurs occasions.
Accoutumé aux armes dès l'enfance, il avait appris
à combattre à côté de Pharamond. Le nom de son
père, le vaste empire sur lequel il devait régner,
son courage, sa bonne mine, et surtout les flatteries
de ses courtisans, avaient inspiré à ce jeune prince
une excessive vanité. Aussi heureux en amour que
Pharamond l'était à la guerre, Clodion avait vaincu
autant de belles que son père avait pris de villes.

Fier de sa figure, de sa gloire et de sa naissance, le
prince français était le plus beau, le plus confiant
et le plus étourdi des chevaliers de son temps.

Sa sœur, la charmante Félicie, n'avait pas encore
quinze ans, et surpassait déjà sa mère par ses attraits. C'était la moindre qualité de Félicie : elle
semblait dédaigner tous les dons qu'elle tenait de
la nature pour ne s'occuper que de ceux qu'elle
tiendrait d'elle-même. Elle cultivait son esprit pour
son plaisir, et non pas pour paraître instruite. Douce
et modeste, elle oubliait toujours qu'elle était princesse ; excepté lorsque la princesse pouvait faire du
bien. Félicie, dans l'âge où l'on sort à peine de l'enfance, était le refuge des malheureux, l'idole de
son père, et l'objet du respect et de l'amour de tous
les chevaliers.

La petite Bretagne était tributaire de Pharamond,
et divisée en plusieurs royaumes. Celui de Gannes
était gouverné par le roi Boort, ou pour mieux
dire, par ses courtisans. Les princes faibles sont
presque toujours cruels : Boort l'avait prouvé en
faisant périr sa fille Arlinde pour avoir donné le
jour à Bliombéris. Cette princesse trop tendre n'a-
vait pu résister à l'amour de Palamède, l'un des
plus célèbres chevaliers de ce temps-là. Sa faiblesse
lui coûta la vie ; le barbare Boort la fit précipiter

dans un puits, et consentit à laisser vivre l'enfant de
sa malheureuse fille.

Bliombéris, privé de sa mère en venant au monde,
inconnu de son père, qui ne l'avait jamais embrassé.

Bliombéris fut élevé à la cour du roi Boort. Son
éducation fut négligée. Le pays de Gannes était à
demi barbare : dans tout le royaume il y avait peu
de savans qui sussent lire : à peine l'apprit-on à
Bliombéris. Il était déjà parvenu à l'âge de dix-sept
ans sans savoir autre chose que bien tirer des flèches ; exercice auquel il était très-adroit, parce
qu'il l'avait appris tout seul. Bliombéris était bien
fait, d'une physionomie plus douce que belle, l'air
noble et franc ; son cœur était tendre (il était fils
de l'amour), et son esprit était d'autant plus juste,
que personne n'avait cherché à le rendre tel.

Bliombéris fut bientôt instruit du malheur de sa
mère, et du nom de Palamède son père : ce nom
fameux faisait trembler toute la cour du roi de
Gannes. La crainte de voir revenir ce héros était la
seule cause des égards que l'on avait pour son fils.
Mais ces égards mêmes importunaient Bliombéris ;
il s'ennuyait avec les barons gannois, qui ne savaient
rien, pas même se battre. C'était en vain que les ba-
ronnes cherchaient à le distraire ; Bliombéris s'était
aperçu qu'elles savaient faire l'amour, et non le parler ;

et son cœur méprisait l'amour qui ne se parle pas.

Tant de dégoûts lui firent chérir la solitude : il n'habita plus que les bois, où il exerçait son adresse sur les cerfs et sur les oiseaux. La chasse le rendit misanthrope ; la misanthropie en fit un sage. Bliombéris n'avait que dix-huit ans ; mais ses réflexions, et le bonheur de n'avoir jamais été flatté, lui avaient valu trente années d'expérience.

Le roi Boort avait un fils qui ne ressemblait pas à son père ; ce fils s'appelait Lionel, et avait mérité par ses exploits d'être admis à la table ronde. A son retour d'Angleterre, il fut indigné du tribut que Pharamond avait exigé ; et, consultant plus sa valeur que sa prudence, il engagea le nonchalant Boort à déclarer la guerre au monarque français.

Pharamond ne crut pas sa présence nécessaire pour remettre sous l'obéissance un peuple battu tant de fois, il voulut donner à son jeune fils le plaisir de terminer seul cette guerre, et le nomma son général.

Clodion, transporté, embrasse son père, lui jure qu'avant un mois il fera son entrée à Tournay dans un char traîné par le roi Boort et son fils ; il partage entre ses favoris le royaume qu'il va conquérir ; il fait cinq ou six fois la revue de son armée ; et, marchant à grandes journées, avant quinze jours il arrive sur les frontières du pays de Gannes.

Lionel l'attendait : le combat fut long et san-

glant. Clodion fit des prodiges de valeur; mais sa
fougue et cette valeur même lui faisaient commettre
des fautes. Bliombéris ne quittait pas le brave Lionel: c'était la première fois qu'il voyait une bataille;
et le jeune guerrier n'y perdit pas un instant ce
sang-froid qui caractérise le vrai brave. Mais ses
efforts et ceux de Lionel n'auraient pas été capables
d'arracher la victoire aux troupes de Pharamond.
Déjà Clodion, s'abandonnant à son impétuosité, avait
rompu le centre de l'armée : Lionel accourt pour
s'opposer à ce prince, et commence avec lui un
combat corps à corps, qui laisse les Gannois sans
général. Le lieutenant de Clodion, vieux guerrier
blanchi dans les batailles, profite du moment, rassemble les différens corps, donne le signal pour
faire une attaque générale; et, sûr de sa manœuvre,
il s'avance d'un air victorieux. Lionel est occupé
avec Clodion : les Gannois sont perdus, personne
ne les commande; le désordre se met dans les
rangs. Bliombéris, le jeune Bliombéris voit le danger, et le prévient : il jette son épée; il prend son
arc, cette arme qui, dans ses mains, a toujours été
mortelle; il choisit sa meilleure flèche, regarde le
chef des Français, et le frappe au défaut de la cuirasse. Le vieux guerrier tombe; ses troupes s'ar-
rêtent, on s'empresse autour du mourant. Plus
prompt que l'éclair, Bliombéris vole à ses escadrons

il fond à son tour sur les Français, il les rompt, il les disperse, et bientôt le champ de bataille est couvert de morts et de fuyards.

Clodion, abandonné, frémit de honte et de rage : il porte un coup terrible à Lionel ; et, perçant à travers l'armée victorieuse, il fuit, mais en héros, du côté opposé à son armée fugitive.

Bliombéris ne se laissa point emporter à la poursuite des Français. Occupé de contenir ses troupes et d'empêcher le désordre, qui arrache si souvent la victoire, il fit voir dans cette journée qu'à la valeur du soldat il joignait les talens du général. Bientôt Lionel reparut, et vint achever la défaite. Bliombéris alors ne s'occupa que d'arrêter le carnage : il fit respecter les prisonniers, les traita avec douceur et noblesse : et, comme le sifflement des flèches et le bruit des armes ne l'avaient point ému pendant le combat, de même les lauriers qu'il venait de cueillir, les cris de victoire et les acclamations des soldats ne le firent pas sortir un instant de cette tranquillité que donne le contentement de soi-même. Bliombéris n'était sensible qu'au bonheur d'avoir servi son pays.

Cependant le fougueux Clodion, au désespoir d'avoir été battu la première fois qu'il avait commandé une armée, Clodion courait les champs, incertain de ce qu'il devait faire. Sa vanité venait de

recevoir un affront sanglant ; il n'osait reparaître
dans Tournay, après avoir distribué le pays ennemi,
et commandé le char de victoire auquel il devait
attacher le roi Boort et son fils. Il résolut de ne plus
retourner chez son père qu'il n'eût effacé sa honte ;
et, s'embarquant pour l'Angleterre, il courut y
chercher des aventures et des lauriers.

Tandis qu'il allait porter son étourderie et sa valeur à la cour d'Artus, Pharamond apprenait sa défaite. Ce monarque n'était pas accoutumé à de telles
nouvelles. Il court à la vengeance ; et, s'armant de
cette épée qui a donné la mort à tant de rois, il
rassemble ses vieux guerriers, et marche vers la petite Bretagne. Les Français, impatiens de venger
leurs frères, portent le fer et le feu dans les États
du roi de Gannes. Lionel, enivré du dernier succès,
voulut marcher à l'ennemi ; Bliombéris était d'avis
de se retrancher et de l'attendre : mais le général
l'emporta, et les troupes eurent ordre de se préparer à la bataille.

Elle ne fut pas un moment indécise. Pharamond
se montrait, et tout fuyait devant lui. Les Gannois
en déroute entraînèrent leur général. Bliombéris,
après avoir fait des prodiges de valeur, s'efforçait
de sauver un corps de troupes qu'il commandait ;
mais le roi de France vint lui-même l'attaquer.
A peine les soldats de Bliombéris eurent aperçu les

fleurs de lis que Pharamond portait sur son bouclier, qu'une terreur soudaine les saisit : ils se dis-
persèrent, et le jeune Bliombéris resta seul entouré
d'ennemis. Rends-toi, lui cria Pharamond, c'est moi
qui te demande ton épée. Bliombéris, dédaignant
de faire des bravades inutiles, remit son épée au
monarque, et le suivit dans son camp.

Peu de jours suffirent à Pharamond pour s'emparer de tout le pays de Gannes. Il fit payer les frais
de la guerre au roi Boort, mit une garnison dans sa
ville, et garda Bliombéris comme otage. Après avoir
ainsi terminé cette expédition, le monarque français
fit chercher son fils Clodion dans toute la petite
Bretagne ; mais ses soins furent inutiles. Pharamond,
affligé, reprit la route de Tournay, où Bliombéris
le suivit.

En arrivant dans sa capitale, Pharamond trouva
la joie répandue dans tous les cœurs : le bruit de sa
victoire l'avait précédé. Rosemonde et Félicie venaient au-devant de lui, au milieu de tout un peuple
qui célébrait le retour d'un roi chéri. Rosemonde
s'attendait à revoir son fils ; les lauriers de son époux
n'empêchèrent pas ses larmes de couler lorsqu'elle
apprit qu'on ignorait ce qu'était devenu Clodion.
Félicie partageait sa douleur, et pleurait aussi en
baisant les mains victorieuses de son père.

Bliombéris, présent à ce spectacle, se reprochait

déjà d'être la cause des pleurs de Félicie. La beauté
de cette princesse lui faisait éprouver un sentiment
qui lui était inconnu : il avait beau détourner ses
yeux, ses yeux revenaient malgré lui sur Félicie. Le
sage, le prudent Bliombéris ne savait plus où il en
était, lorsque le roi le présenta à Rosêmonde et à
sa fille comme un prisonnier respectable par sa valeur : ensuite, prenant une épée : Vous vous en
servez trop bien, lui dit-il, pour qu'elle ne vous
soit pas rendue ; l'intérêt de l'État s'oppose à votre
liberté ; mais que rien ne vous retienne ici que votre
seule parole. Bliombéris remercia le roi, et se trou-
bla en le remerciant, parce que Félicie le regardait.

Bliombéris s'aperçut bientôt que cette princesse
réunissait à ses charmes le cœur le plus droit, l'ame
la plus sensible et l'esprit le mieux cultivé : cette
découverte ne fit que l'enflammer davantage. Mais
la première fois que l'on aime on craint si fort que
ce soit un crime, on espère si peu d'être aimé, que
le plaisir de brûler en silence paraît encore un suprême bonheur. Bliombéris s'y livrait en tremblant :
la cour de Pharamond était un séjour si redoutable
pour lui ! Ce jeune homme, qui n'était jamais sorti
de Gannes, qui avait passé sa vie dans les bois, se
voyait transporté dans la plus brillante cour de
l'univers. Il osait aimer la fille du plus puissant des
monarques, celle qui dédaignait les vœux d'une

foule de princes : pouvait-il se flatter d'en être distingué, lui, fils inconnu d'un simple chevalier ; lui, cause malheureuse de l'opprobre et de la mort de sa mère ; lui enfin, dont tous les talens, tous les secrets pour plaire se bornaient à savoir aimer ?

Ces réflexions étaient accablantes pour un amant, et devaient rebuter un sage, mais Bliombéris n'était plus sage. Il se fit toutes ces objections ; et après s'être bien dit qu'il allait commencer le malheur de sa vie, après s'être bien convaincu que la raison lui prescrivait d'étouffer son amour, il prit la résolution de s'y livrer, et de passer les jours et les nuits à acquérir tout ce qui lui manquait.

Dès ce moment Bliombéris étudia cette politesse, cet usage du monde, qui rendent tant de sots supportables : il eut bientôt acquis tous ces dehors si vantés et si vains. Il y joignit des agrémens plus solides, il orna son esprit, et acquit des talens; l'amour était son maître : c'est le précepteur qui avance le plus ses écoliers. En moins d'un an, Bliombéris devint le chevalier le plus poli et le plus aimable de la cour.

Félicie, qui avait remarqué Bliombéris dès le premier jour où elle le vit, devina bientôt son secret : la moins coquette des femmes sait que l'on est amoureux d'elle un peu avant celui qui en devient amoureux. La passion de ce jeune sauvage avait flatté la princesse ; mais lorsque le sauvage fut devenu poli, lorsqu'elle fut bien sûre que c'était pour elle seule que Bliombéris avait pris tant de peine, la timide Félicie s'interrogea elle-même sur ce qu'elle avait à faire. Le résultat de ses questions fut qu'elle pouvait sans scrupule être reconnaissante des soins de Bliombéris : cette reconnaissance devint bientôt amitié ; cette amitié n'avait pas trois mois, qu'elle était de l'amour. La sage princesse n'en était pas encore bien sûre; mais sa raison lui conseillait de ne pas écouter son cœur.

Quand une jeune princesse est obligée de choisir entre son cœur et la raison, son choix est long quelquefois, mais il n'est jamais douteux. Félicie se livra bientôt au charme qui l'entraînait. Elle reçut un billet de Bliombéris : un billet d'amour est un talisman qui détruit toutes les résolutions de la sagesse. Jeunes amans, soyez sans crainte, si vous parvenez à vous faire lire. Félicie répondit à Bliombéris pour le prier de ne plus lui écrire. Bliombéris écrivit encore pour en demander la permission ; et, cette permission une fois donnée, ils ne s'écrivirent plus, ils se parlèrent.

Vous qui avez aimé, vous n'avez pas oublié sans doute combien sont doux ces premiers momens d'une passion que l'on fait partager. Chaque jour, chaque heure est intéressante : aujourd'hui l'on est heureux d'un coup d'œil ; demain l'on veut davantage, on dispute, et on l'obtient ; le jour d'après on se brouille, et en se raccommodant on se trouve plus avancé qu'on ne l'était avant la querelle. Comme ils passent vite, ces jours si beaux qu'on appelle le temps des peines ! O amour, si je te regrette, c'est bien moins pour tes derniers plaisirs que pour tes premières faveurs.

Un jour que la belle Félicie était allée se promener dans un bois près de la ville, elle fit rester sa suite à l'entrée du bois, et s'enfonça seule dans une des allées les plus sombres ; elle pensait à Bliombéris. Il y avait déjà un an qu'ils s'aimaient ; il y avait un an qu'ils s'étaient juré de vivre et de mourir l'un pour l'autre. Félicie relisait une lettre où Bliombéris répétait mille fois ce doux serment ; elle croyait entendre son amant prononcer les mots qu'il avait écrits, et dans l'erreur charmante qui l'enivrait, elle imprimait mille baisers sur la lettre : tout à coup un sanglier écumant paraît, il vient droit à la princesse ; il est prêt à s'élancer..... Où êtes-vous, Bliombéris ?

Bliombéris n'était pas loin : il avait devancé Félicie ; et, caché parmi les arbres, il jouissait du plaisir de la voir s'occuper de lui. Il aperçoit le monstre, et vole à sa rencontre. Le sanglier l'atteint, et lui fait une blessure qui n'est que légère, parce que l'adroit Bliombéris le frappe au même instant qu'il en est frappé : leur sang confondu baigne le gazon. Félicie tremblante a les yeux fixés sur son amant ; son cœur palpite, la pâleur est sur son visage : mais un moment suffit pour dissiper sa crainte ; Bliombéris saisit une flèche, et perce le flanc de l'animal furieux.

Félicie court à Bliombéris, le fait asséoir auprès d'elle, appuie sa tête contre son sein, et veut panser sa blessure. Cette blessure n'était pas profonde : la tendre Félicie arrache quelques simples que le hasard offre à ses yeux, elle les applique sur la plaie, elle en exprime lentement le suc ; encore interrompt-elle mille fois son ouvrage par les baisers qu'elle laisse prendre ou qu'elle donne à l'heureux blessé.

A peine eut-elle posé le premier appareil, que la tendre Félicie, soutenant toujours son amant, semble chercher dans ses yeux comment elle peut payer un si grand service : Bliombéris la regarde et soupire. Le hasard vint à leur secours.

Une tourterelle passe près d'eux d'un vol rapide, et cherchant à se dérober au milan qui la poursuivait ; elle allait devenir sa proie, quand le mâle de la tourterelle se précipite dans les serres de l'oiseau pour qu'il abandonne sa compagne. Le milan laisse la tourterelle, et emporte le tourtereau : mais Bliombéris avait eu le temps de préparer une flèche ; le

Devenie

Nouvelles P. 17.

trait part, vole ; tue le ravisseur, et délivre le généreux tourtereau.

A peine libre, il vient se poser sur un arbre vis-à-vis de Félicie et de Bliombéris. Sa fidèle compagne vole près de lui, elle le caresse en roucoulant, elle répare avec son bec le désordre où l'ont mis les serres cruelles du milan, elle prend plaisir à lisser ses plumes, elle agite ses ailes autour de lui; et bientôt le tendre oiseau, lui rendant ses vives caresses, s'empresse de lui prouver que l'amour est plus fort que la peur.

Quelle image pour nos amans! Ils étaient assis sur le gazon, ils regardaient le couple fidèle avec des yeux humides et brillans; leurs soupirs précipités, leur haleine brûlante, expliquaient ce qui se passait dans leurs ames. Bliombéris avait été aussi généreux que le tourtereau; Félicie n'était pas moins tendre que la tourterelle : pouvait-elle éviter d'être aussi reconnaissante?

Cette forêt, cette allée, devinrent le rendez-vous de ces tendres amans. L'Amour, qui veillait sur eux, empêchait que l'on ne soupçonnât leur bonheur. Hélas! il n'en est point qui dure.

Déjà depuis deux ans, uniquement occupés l'un de l'autre, ils voyaient les mois s'écouler comme des jours : l'on vieillit vite quand on est aimé. Félicie avait dix-huit ans, et le roi son père lui annonça

qu'elle eût à choisir un époux parmi les princes
qui prétendaient à sa main.

Quelle nouvelle pour Félicie! Elle voulut aller se
consulter à la forêt : on s'attend bien que Bliombéris y était pour donner son avis. Le temps du
bonheur est passé, lui dit la triste Félicie : tu ne
peux prétendre à ma main, je ne dois ni obéir ni
résister à mon père; partons, fuyons ensemble;
l'amour prendra soin de nous. Bliombéris, en arro-
sant de larmes le beau visage de Félicie, lui déclara
que la fuite était impossible, puisqu'il était prisonnier sur sa parole. Mais si nous pouvons gagner du
temps, ajouta-t-il, j'espère me rendre digne de
prétendre à vous. Je suis le fils de Palamède ; le nom
de Palamède est respecté même de Pharamond. Ma
mère était fille d'un roi; mon père est de la race des
souverains de Babylone. Je vais chercher mon père,
il me reconnaîtra, il viendra vous demander lui-
même à Pharamond; et s'il faut un royaume pour
obtenir Félicie, il n'est rien d'impossible à la valeur
de Palamède et à l'amour de Bliombéris.

En prononçant ces mots, le feu du courage brillait dans ses yeux. L'espérance entre si aisément
dans des ames amoureuses, que Félicie et Bliombéris s'y livrèrent avec transport. Il fut décidé que
la princesse ferait assembler tous les prétendans à sa
main, et leur déclarerait que celui qui reviendrait

dans deux ans avec le plus de gloire, serait celui qu'elle choisirait.

Dès que Pharamond apprit le projet de sa fille, il y souscrivit avec joie. Bientôt on sut dans toute la France à quel prix était la main de Félicie ; et tous les chevaliers du sang-royal quittèrent la cour, et allèrent la mériter.

Bliombéris saisit cette occasion pour demander sa liberté : elle ne lui fut point refusée. C'était Félicie qui s'était chargée de cette triste commission. Quelle douleur quand il fallut se séparer ! quand il fallut prononcer cet ADIEU ! ce mot si cruel pour des amans ! Que de soupirs ! que de larmes ! Bliombéris ne pouvait quitter Félicie ; Félicie serrait sur son cœur la main de Bliombéris : ils se regardaient, ils pleuraient ; ils se disaient de ne pas pleurer, et un torrent de larmes leur coupait la parole. Ils avaient beau se répéter que c'était pour se rejoindre à jamais qu'ils allaient se quitter un moment ; vain espoir ! deux ans ne sont un moment que lorsqu'on les passe ensemble : ils paraissent devoir durer plus que la vie quand c'est le terme où l'on doit se revoir. Ah ! que Bliombéris eut de peine à s'arracher des bras de Félicie ! il le fallait ; il s'y résout : il l'embrasse, lui dit adieu, lui serre la main, lui redit adieu d'une voix étouffée, et il fuit sans oser retourner la tête.

La malheureuse princesse, obligée de dévorer ses
larmes devant les dames de sa cour, va se cacher
dans son appartement : elle y pleure ; elle relit les
lettres de Bliombéris, elle en recommence la lecture :
Hélas! il ne m'écrira plus, dit-elle, je l'ai peut-être
embrassé pour la dernière fois! cette idée met le
comble à sa douleur ; son imagination lui exagère
tous les dangers qui menacent Bliombéris ; et,
comme si elle n'avait pas assez de ses maux, elle
s'afflige d'avance de tous ceux qui n'arriveront pas.

Bliombéris, au désespoir, laissait aller son cheval
à l'aventure. Ce cheval lui avait été donné par Félicie : elle l'avait fait venir d'Ibérie, et le coursier
était digne d'être offert au courage par les mains de
l'amour. Il était noir comme du jais : une étoile
blanche brillait au milieu de son front ; plus léger
qu'un oiseau, il galopait sur le sable sans y laisser
l'empreinte de ses fers. Félicie l'avait monté quelquefois, et lui avait donné le nom d'Ebène. Ébène
connaissait Bliombéris, et lui était attaché : tant
il est vrai que l'amour électrise tout ce qui l'approche.

Bliombéris, en traversant une grande forêt,
trouva qu'il s'éloignait trop vite de l'objet qu'il aimait : il s'arrêta, descendit de cheval ; et, laissant
paître le fidèle Ébène, il alla s'asseoir au pied d'un
arbre, sur le bord d'un petit ruisseau. Là, il se mit

à réfléchir : ce qui ne lui était pas arrivé depuis
long-temps.

Les réflexions sont assez inûtiles en amour; on
finit par faire tout comme si l'on n'avait pas réfléchi :
ainsi, c'est au moins du temps perdu. Mais Bliombéris ne cherchait qu'à en perdre. Il pleura beaucoup; et bientôt, inspiré par le silence de la forêt,
par le murmure du ruisseau, et surtout par son
amour, il chanta ce lai sur un air bien triste :

> Loin de toi, ma Félicie,
> Je sens que je vais mourir :
> L'amour soutenait ma vie,
> L'amour va me la ravir.
> Mais pour toi, toujours le même
> Quand je subirai mon sort,
> Je prononcerai : *je t'aime*,
> Et je recevrai la mort.
>
> J'ai cru qu'au pied de ce chêne
> Je trouverais le repos ;
> Loin de soulager ma peine,
> Je n'ai fait qu'aigrir mes maux :
> Cette forêt me rappelle
> Un bois cher à nos deux cœurs ;
> J'entends une tourterelle,
> Et je sens couler mes pleurs.
>
> Ce ruisseau dont l'onde pure
> S'échappe tout près de moi,

Si j'écoute son murmure,
Je crois qu'il parle pour toi.
Partout je vois mon amie,
Sans songer, dans ma douleur,
Que ma chère Félicie
N'est ici que dans mon cœur.

Bliombéris allait continuer son lai, quand il vit
venir à lui un chevalier, qui ne l'eut pas plus tôt en-
visagé, que, mettant pied à terre, il courut l'embrasser : c'était le brave Lionel. J'allais vous porter,
lui dit-il, une lettre de Palamède. O ciel ! vous
l'avez vu ? s'écria Bliombéris. Oui, reprit Lionel, il
est revenu à Gannes, croyant retrouver sa chère
Arlinde : au désespoir de sa perte, il a défié le roi
mon père, et l'a tué du premier coup de lance. J'ai
voulu venger sa mort ; mais le terrible Palamède m'a
vaincu, et m'a imposé pour loi du combat de venir
vous porter moi-même ce billet.

Dans ce billet, Palamède s'excusait auprès de son
fils d'avoir été près de vingt années sans venir retrouver sa malheureuse mère : il avait été retenu
tout ce temps dans les prisons du roi d'Aquitaine.
Il assurait Bliombéris de sa tendresse, et lui ordonnait de le venir joindre sur-le-champ à la cour d'Artus. Bliombéris, brûlant du désir de voir son père,
prend congé de Lionel, gagne un port de mer, et
s'embarque pour l'Angleterre.

En arrivant dans ce royaume, il prit la route de la capitale d'Artus. Comme il traversait la fameuse forêt de Brocéliande, il aperçut une dame qui fuyait aussi vite que pouvait aller sa haquenée, pour éviter un chevalier qui la poursuivait, et qui était sur le point de l'atteindre. Bliombéris court à lui ; et saisissant les rênes de son cheval : Arrête, lui dit-il, qui que tu sois : la frayeur de cette dame me fait connaître ta violence ; et partout où je suis, le plus faible trouve un défenseur. De quoi te mêles-tu ? lui répond le farouche Bréhus; je vais punir ton audace, et t'apprendre à ne point troubler les chevaliers qui poursuivent des fugitives.

A ces mots Bréhus lève une antenne qui lui servait de lance, et fond sur Bliombéris. Celui-ci évite le coup terrible de la lance, et atteint de son épée la tête de Bréhus, qu'il fait courber jusque sur le cou de son cheval. Furieux d'avoir été frappé sans avoir seulement touché son adversaire, Bréhus jette sa lance, prend son sabre à deux mains, et s'élevant sur ses étriers, il revient à Bliombéris en blasphémant les noms de tous ses dieux. Bliombéris, qui invoquait Félicie, s'aperçoit que, par ce mouvement, le dessous du bras de son ennemi est désarmé ; aussitôt son épée y est enfoncée jusqu'à la garde. Bréhus jette un cri épouvantable, tombe, mord la terre et expire.

Dans ce moment Bliombéris voit arriver à toute bride un chevalier couvert d'armes éclatantes, suivi de la dame qu'il avait sauvée. Ce chevalier avait déjà la lance en arrêt et la visière baissée; mais, voyant Bréhus sur la poussière, il descend de cheval, et vient remercier Bliombéris. Le barbare que vous venez de tuer, lui dit la dame, a voulu me faire violence, parce que je m'étais éloignée un instant de mon chevalier, qui s'était arrêté au perron de Merlin. Dès que j'ai vu commencer votre combat, j'ai couru au perron, et ce peu de temps vous 'a suffi pour délivrer l'Angleterre d'un brigand indigne du nom de chevalier. Celui que vous voyez près de moi est Perceval le Gallois : je suis Blanchefleur, sa bien-aimée; et jamais nous n'oublierons ce que nous devons à votre valeur.

Bliombéris, charmé de connaître un chevalier aussi illustre que Perceval, le pria d'être son guide à la cour d'Artus. Je ne vous quitte plus, lui dit le Gallois; vous vous êtes acquis aujourd'hui des droits éternels sur mon cœur. Les deux nouveaux amis s'embrassèrent et reprirent la route de Cramalot, capitale du grand Artus.

Pendant le chemin, Bliombéris instruisit Perceval du sujet de son voyage, et lui demanda des nouvelles de Palamède. Perceval ne put le satisfaire ; il avait bien entendu parler de ce héros, mais jamais il ne l'avait rencontré. Il résolut de le chercher avec Bliombéris, qui lui fit confidence de tout ce qui l'intéressait. Le brave Gallois ne l'en aima que davantage : il lui jura fraternité d'armes, et promit de faire le voyage de France lorsque les deux ans seraient expirés, pour aller rendre compte lui-même à Pharamond des exploits qu'il aurait vu faire à Bliombéris. Blanchefleur, qui avait le cœur très-tendre, et qui s'intéressait à tous les amans, désirait beaucoup de connaître Félicie : Que n'est-elle ici ! disait-elle, nous voyagerions tous les quatre ensemble ; et, pour faire durer la route, nous nous promènerions d'un bout du monde à l'autre !

Comme elle disait ces mots, ils aperçoivent un chevalier qui venait à eux à bride abattue : ses armes, couvertes de poussière, ne reluisaient plus au soleil ; son cheval, fatigué, avait les flancs déchirés de coups d'éperon, et semblait près de tomber de lassitude. L'impatient chevalier ne l'en pressait que davantage. Dès qu'il fut près de Bliombéris : Dépêche-toi, lui cria-t-il, de descendre, et de changer ton coursier contre le mien ; je suis pressé, ne me fais pas attendre. Bliombéris et Perceval se regardèrent en riant. L'inconnu, irrité, leur cria d'une voix menaçante : Si mes paroles ne suffisent pas, ma lance vaudra mieux sans doute ; songez à vous défendre, et attaquez-moi l'un après l'autre, ou tous deux ensemble, peu m'importe.

Le fier Perceval voulut sur-le-champ mettre l'épée à la main, et punir le téméraire agresseur ; mais Bliombéris lui dit que c'était sa querelle : et, la lance en arrêt, il part au galop, et heurte si rudement le chevalier inconnu, qu'il le jette, lui et son cheval, à vingt pas, roulant tous deux dans la poussière.

Notre héros, aussi humain que brave, se précipite pour le secourir ; mais la chute de l'inconnu l'avait tellement étourdi, qu'il était resté sans mouvement. Bliombéris lui ôte son casque pour le faire respirer, et, l'asseyant sur le gazon, il le secourt avec une ardeur dont il est étonné lui-même. Blanchefleur le seconde dans les soins qu'il rend au chevalier vaincu ; tandis que le fier Perceval, qui ne peut lui pardonner son orgueil, dit qu'il devrait payer plus cher ses extravagances.

Bliombéris, poussé par une puissance surnaturelle, cherchait à faire revenir le chevalier vaincu, lorsqu'il vit tomber de dessous sa cuirasse une lettre sur laquelle était écrit : AU PRINCE CLODION. A peine a-t-il lu ces mots, que, détestant sa victoire, il ne veut plus quitter le frère de sa maîtresse : il court chercher de l'eau dans son casque ; et, aidé par Blanchefleur et Perceval, il parvient enfin à ranimer le triste Clodion. Celui-ci, à peine revenu à lui-même, s'écria d'un ton douloureux : Hélas! cette aventure me fait manquer un rendez-vous. Ah! prince, lui dit Bliombéris, vous êtes ici avec le meilleur de vos amis ; je suis prêt à tout entreprendre pour réparer le mal que je vous ai fait. Clodion le remercie; et la belle Blanchefleur demande au prince français le motif qui lui a fait attaquer deux chevaliers qui ne le provoquaient pas.

Clodion, se tournant vers elle, oublia toutes ses douleurs pour la regarder : Vous excuserez mon imprudence, lui dit-il, quand vous saurez que l'amour en est cause. Daignez écouter mon aventure, et vous intéresser à mon malheur. Alors le beau Clodion, d'une voix faible et d'un air un peu confus, commença ainsi son récit.

Il y a trois mois que je me trouvai dans un tournoi, dont je dédaignai de remporter le prix, parce que mes adversaires ne me semblaient pas dignes de ma valeur. Assis parmi les dames spectatrices des joutes, j'attendais que l'un des tenans demeurât vainqueur de tous les autres, pour aller lui enlever d'un coup de lance sa gloire et toutes ses couronnes; mais l'amour m'attendait aussi; et me vainquit sans combattre.

Une jeune personne nommée Céline, attira mes yeux par sa beauté. Je m'approchai d'elle, je lui

parlai : sa douceur, sa grace, sa modestie, achevèrent de m'enflammer. Pendant les trois jours que
dura le tournoi, je ne la quittai pas; et je ne crains
pas de vous dire que, dès le second jour, elle y prenait autant de plaisir que moi.

Céline m'instruisit de sa naissance et de son
sort. Je suis, me dit-elle, la fille du comte de Suf-
folk : j'ai perdu mes parens dans mon enfance; je
suis héritière de tous leurs biens, et la loi me donne
pour tuteur un cousin éloigné qui prétend devenir
mon époux. Cet homme, que je déteste, s'appelle
Brunor : c'est le chevalier que vous voyez dans l'a-
rène. Il me traîne partout avec lui; et dès demain il
me ramènera dans un affreux château, où je suis
condamnée à passer mes jours avec Brunor et un
de ses amis nommé Danain, qui ne le quitte jamais,
et qui n'est pas plus aimable que lui.

Ce récit suffisait pour me donner l'envie d'enlever
Céline à Brunor. Sur-le-champ, je médite le projet
d'avoir entrée dans le château des deux amis; je
m'élance dans l'arène, et je défie le farouche Brunor. A peine je me sentis ébranler par son coup de
lance; mais je me laissai tomber de cheval, je feignis
d'être évanoui par la force du coup, et reprenant
avec peine l'usage de mes sens : Seigneur chevalier,
lui dis-je d'une voix mourante, j'ai besoin de secours; je suis étranger, et ne connais personne dans

ce royaume : votre courage m'est un sûr garant de votre courtoisie; c'est à mon vainqueur que je m'adresse pour qu'il prenne soin de mes jours. Brunor, fier de sa victoire et de ma confiance, me rassura avec dignité; et consultant son cher ami Danain, ils convinrent tous deux qu'ils ne pouvaient se dispenser de me faire porter à leur château, pour me laisser rétablir de ma chûte.

Sur-le-champ on me pose sur un brancard, on me prodigue les soins les plus empressés : Brunor, Danain et Céline m'escortent jusqu'au château. Pendant toute la route, mes yeux étaient toujours sur Céline ; et dès que j'apercevais ceux de Brunor, je jetais des cris affreux en me plaignant de ma chute.

Enfin nous arrivâmes à ce château dont l'accès était interdit à tout autre que Brunor et Danain. On envoya chercher le médecin le plus savant du pays : il m'examina long-temps, et conclut, après beaucoup de réflexions, qu'il y avait quelque fracture interne, et que la maladie serait longue. C'était bien mon projet.

L'aimable Céline, qui devait être le seul médecin de mes véritables maux, venait me voir quelquefois. Brunor ne la quittait guère, mais il la quitta un moment, et ce moment me suffit pour l'instruire de la feinte que m'avait inspirée l'amour. Céline fut

3.

d'abord effrayée ; bientôt elle se rassura, bientôt elle m'aida elle - même à mentir, et me récompensa de tous mes mensonges.

Ce fut ainsi que je passai près de trois mois dans le château de Brunor, toujours malade et toujours soigné par la belle Céline. Hélas! l'habitude du bonheur rend imprudent. Un matin que j'étais avec ma charmante maîtresse, Danain, ce fidèle ami de Brunor, voulut savoir des nouvelles du malade; et comme il me croyait endormi, il prit des précautions pour ne pas troubler mon sommeil. Quelle fut sa surprise lorsqu'il me vit très-éveillé aux genoux de Céline, où j'avais plutôt l'air de remercier que de demander!

Soit amitié pour Brunor, soit dépit d'avoir été trompé, il s'élance sur moi l'épée à la main. J'ai bientôt saisi la mienne; et dans mon appartement même, nous commençons un combat d'autant plus dangereux, que notre épée était notre seule arme. Les amans heureux le sont partout; je renversai Danain baigné dans son sang; je courus à lui, et ne lui donnai la vie qu'après lui avoir fait jurer, foi de chevalier, qu'il garderait le secret avec Brunor, et trouverait un prétexte à sa blessure. Je lui promis de mon côté que je partirais à l'heure même, et je tins parole. Je dis adieu à la belle Céline; je pris congé de Brunor, et m'éloignai de ce château, dans le dessein d'y revenir aussitôt que je le pourrais sans danger.

Plusieurs aventures me conduisirent à la cour du roi de Camélide, où j'étais encore ce matin, lorsque le nain de la charmante Céline est venu me porter une lettre de cette belle, qui m'apprend que Danain, guéri de sa blessure, doit partir aujourd'hui avec Brunor pour aller chez le roi Perles, et que leur absence laisse Céline maîtresse de ses actions et du château. Sur-le-champ je suis parti pour retourner auprès de Céline. Mais j'avais trente lieues à faire; et, jugeant bien que mon cheval ne pourrait pas y suffire, j'ai juré de combattre tous les chevaliers que je rencontrerais, pour les obliger de changer avec moi de coursier. Cette manière de relayer m'avait réussi; je n'étais plus qu'à quatre lieues du château de Céline, quand, pour mon malheur, je vous ai rencontrés.

Clodion fit un profond soupir, et finit là son récit. Blanchefleur ne put s'empêcher de rire de ses aventures : Perceval, qui dans sa jeunesse, avait été fort étourdi, pardonna de bon cœur au prince français; et Bliombéris, au désespoir de sa victoire, lui dit en l'embrassant : Si vous vous sentez en état de continuer votre route, mon cheval réparera les torts que j'ai avec vous. Promettez-moi de me le ramener dans huit jours à la cour d'Artus, et je vais vous le

confier. Je sais trop quelle est la douleur de vivre
loin de ce qu'on aime. Clodion embrasse son généreux vainqueur, lui demande son nom, et jure
qu'avant huit jours Ebène aura rejoint Bliombéris.
Ensuite, se relevant avec peine, il essaie de monter
sur le bel Ebène; mais sa chute l'avait tellement
moulu, que jamais il n'en serait venu à bout sans le
secours de Bliombéris. Enfin, une fois monté, le
prince Clodion, malgré ses douleurs, pique des
deux; et le léger Ebène l'emporte plus vite que le
vent.

Bliombéris, enchanté d'avoir servi le frère de Félicie, fit relever le cheval que Clodion avait laissé;
et, jugeant que le pauvre animal pouvait encore le
mener au pas jusqu'à Cramalot, dont il n'était pas
éloigné, il le monta, et pria Blanchefleur et Perceval
de ralentir un peu leur course. Ils n'étaient plus
qu'à une petite lieue de la ville, quand ils rencon-
trèrent un chevalier à pied, qui n'eut pas plus tôt
aperçu Bliombéris, que, mettant l'épée à la main :
Te voilà donc, lui dit-il; et voilà l'état où tu as réduit
mon malheureux cheval! Descends, si tu as de l'honneur, et nous verrons si le hasard te servira aussi
bien qu'il t'a servi ce matin. En vain Bliombéris
voulut lui expliquer sa méprise; en vain Perceval,
qui connaissait ce guerrier, voulut retenir sa fureur;
rien ne fut capable de l'apaiser. Il força Bliombéris

de commencer à pied un des plus terribles combats qu'il eût livrés.

Ce chevalier était le vaillant Gauvain, un des héros de la table ronde. Le jeune Clodion l'avait renversé le matin ; et Gauvain, irrité de sa défaite, combattait avec une rage qui eût été funeste à tout autre qu'à Bliombéris. Celui-ci faisait tomber sur Gauvain une grêle de coups, et n'en parait pas moins beaucoup de ceux que Gauvain lui portait. Le combat durait depuis une heure : les armes des deux chevaliers étaient déjà teintes de leur sang ; leurs forces commençaient à ne plus servir leur courage, lorsque, d'un mutuel accord, ils se demandèrent quelques instans de repos. Assis tous deux sur le gazon qu'ils venaient de baigner de leur sang, ces deux braves guerriers, sans crainte, sans méfiance, se parlèrent avec douceur, en attendant le moment de s'égorger. Bliombéris profita de ce repos pour raconter à Gauvain la cause de son erreur : celui-ci, que plusieurs blessures avaient rendu plus attentif, écouta Bliombéris, et lui demanda pardon de sa méprise. Les deux ennemis s'embrassèrent, et firent d'autant plus sagement, que le prix de la victoire n'existait déjà plus : le cheval de Gauvain rendait les derniers soupirs. Bliombéris continua sa route à pied, ainsi que le brave Gauvain ; et, sans quitter

Blanchefleur et son chevalier, ils arrivèrent tous ensemble à Cramalot.

Notre héros fut présenté au grand Artus par son ami Perceval. Témoin des actions de Bliombéris, il le fit connaître aux chevaliers de la table ronde comme un jeune héros digne de devenir un jour leur frère. Lancelot, Tristan, le roi de Carados, tous les chevaliers de la cour d'Angleterre, l'accueillirent avec amitié : le monarque le combla de caresses, et voulut en vain le retenir quelque temps. Le premier soin de Bliombéris avait été de demander des nouvelles de son père; Gauvain seul avait pu lui en apprendre; Gauvain avait rencontré Palamède sur la route d'Orcanie. Bliombéris serait parti sur-le-champ pour l'Orcanie; mais il était forcé d'attendre son cheval, son cher Ébène, et il se repentait de l'avoir confié à l'imprudent Clodion.

Il avait raison de s'en repentir : les huit jours expirés, Clodion ne parut point. Bliombéris, au désespoir, voulait aller à pied au château de Brunor; mais le désir de voir son père l'appelait en Orcanie. Perceval raconta ses chagrins au grand Artus; et ce monarque, pour satisfaire l'impatience d'un fils si tendre, lui donna un de ses plus beaux coursiers. Bliombéris, après avoir remercié le roi, prit sur-le-champ la route d'Orcanie, suivi de Blanchefleur et de son cher Perceval.

Après deux jours de marche, ils s'égarèrent dans des montagnes, et marchèrent long-temps sans rencontrer personne qui pût les remettre dans leur chemin. Tout à coup une femme éplorée vint se jeter à genoux devant eux : Ah! braves chevaliers, s'écria-t-elle, venez sauver la plus malheureuse et la plus tendre des amantes : ma maîtresse va périr dans les flammes, si votre valeur ne la délivre. Nos deux héros, impatiens, pressent la dame de les conduire. Ils arrivent à un château dont le pont était levé. Une fumée épaisse et des tourbillons de flamme se faisaient voir au-dessus des remparts. Perceval et Bliombéris craignirent d'être arrivés trop tard. Ils sonnent du cor avec violence : le pont se baisse; et nos paladins voient paraître deux chevaliers, dont l'un était couvert d'armes noires, et l'autre d'armes dorées.

Etrangers, leur dit le chevalier noir, ne venez point troubler un supplice juste, et laissez-nous punir des coupables. Ils peuvent l'être, reprit le Gallois; dans ce cas, mon épée servira mal mon courage : mais ils peuvent être innocens, et alors elle punira des barbares. A peine ces mots sont prononcés, que Perceval est aux mains avec le chevalier noir ; et Bliombéris se précipite sur celui qui portait des armes dorées.

Comme ils allaient s'atteindre de leurs lances, le cheval de l'adversaire de Bliombéris fait un écart qui empêche son maître de toucher notre héros. En vain le chevalier, furieux, lui fait sentir l'aiguillon ; le cheval résiste, se cabre, jette son cavalier loin de lui, et court en sautant auprès de Bliombéris. Celui-ci, surpris, regarde ce bel animal qui caracole autour de lui, hennit en le regardant, et vient lui mouiller les pieds de son écume. Bliombéris jette un cri en reconnaissant Ebène : il se précipite à terre, court à ce beau coursier, le caresse, le baise ; et l'aimable Ebène semble partager sa joie. Le chevalier aux armes dorées profite du moment ; il se relève, et s'avance, l'épée à la main, pour frapper Bliombéris par derrière. Ebène l'aperçoit, et attend que le traître soit à portée ; alors il lui détache de toute sa force ses deux pieds contre la poitrine, le renverse, le foule, et, malgré les cris de Bliombéris, il lui passe vingt fois sur le corps.

Pendant ce temps, Perceval s'était défait de son ennemi. Bliombéris, vainqueur sans avoir combattu, monte sur Ebène, et court avec le Gallois délivrer la malheureuse victime. Quelle est sa surprise en reconnaissant Clodion et Céline enchaînés,

et prêts à être jetés dans le bûcher ! Ces amans im-
prudens avaient été surpris par Brunor et Danain,
qui avaient ordonné leur supplice. Mais Danain
venait d'être immolé par Perceval; et Brunor,
moulu par le charmant Ebène, pouvait à peine respirer. Bliombéris le fit porter dans son château, remit
Céline dans les mains de Clodion, fit rendre à ce
prince ses armes, et lui donna le cheval d'Artus.
Clodion embrassa mille fois ses chers libérateurs,
leur jura de ne jamais oublier leurs bienfaits; et,
pressé de quitter un pays où il lui était arrivé tant
d'infortunes, il courut s'embarquer sur-le-champ,
et arriva heureusement à Tournay avec la belle
Céline.

Bliombéris reprit la route d'Orcanie, mais il n'y
trouva point Palamède; et, pendant dix-huit mois
employés à parcourir l'Angleterre, le sort sembla
toujours l'éloigner de ce héros.

Dans ses voyages, Bliombéris fit des actions
dignes d'une éternelle mémoire: partout il délivrait
des prisonniers, prenait des châteaux; assommait
des géans, désarçonnait des chevaliers, et sauvait
l'honneur des pucelles. Perceval, enchanté de son
vaillant ami, l'aimait comme le frère le plus tendre.
Blanchefleur aurait donné tout ce qu'elle possédait,
hors son amant, pour unir Bliombéris et Félicie;
et comme elle savait les conditions auxquelles cette

princesse serait mariée, la charmante Blanchefleur tenait un registre exact de toutes les actions de notre héros, pour pouvoir en rendre compte à Pharamond. Elle avait déjà fait un état de quarante-deux châteaux pris, vingt-trois géans tués, onze chevaliers vaincus, et soixante-trois pucelles délivrées : encore avait-elle la modestie de ne pas se comprendre dans le nombre.

Bliombéris, que la gloire ne consolait point de ne pas retrouver son père, retournait à la cour d'Artus, lorsqu'en traversant la forêt de Brocéliande, il arriva à ce même perron de Merlin où Blanchefleur avait été poursuivie par Bréhus. Auprès de ce perron nos voyageurs aperçurent un grand chevalier couvert d'armes noires, couché sur le bord de la fontaine de Merlin, et profondément endormi. La chaleur lui avait fait ôter son casque, et son visage semblait annoncer que les chagrins l'avaient plus vieilli que les années. Sa lance et son bouclier étaient auprès de lui : sur ce bouclier était peinte une couronne de cyprès, avec ces mots : JE N'EN VEUX POINT D'AUTRE. Perceval ne reconnut pas les traits de ce chevalier ; et, désirant vivement de le connaître, il fit du bruit pour le réveiller. L'inconnu ouvrit à peine les yeux, que, reprenant ses armes, il s'élance sur un superbe coursier qui était auprès de lui ; et sans dire un mot à Perceval, il met la lance en arrêt, et vient au galop sur lui. Le fier Gallois court à sa rencontre : mais, quelque terrible que soit le coup qu'il porte à l'inconnu, ce coup ne l'ébranla seulement pas, au lieu que le magnanime Perceval vide les arçons pour la pre- mière fois de sa vie; Bliombéris veut venger son frère d'armes; et, jugeant de la force de son en- nemi par ce qu'il vient de faire, il s'affermit sur ses étriers, serre sa lance de toute sa force, et vole à la rencontre de l'inconnu. Vaines précau- tions! celui-ci reçoit le coup de lance sur son bou- clier; et, renversant le vaillant Bliombéris, il le jette sur le gazon à côté de son frère d'armes. Après cette double victoire, l'inconnu court après les chevaux des vaincus, qui s'étaient échappés; il les ramène à leurs maîtres, salue Blanchefleur avec autant de politesse que de grace, s'éloigne au galop sans dire un seul mot, et bientôt on le perd de vue.

Nos héros, tous deux par terre, se regardaient, et ne savaient que penser. Blanchefleur, qui d'a- bord avait craint que leur chute ne les eût blessés, n'eut bientôt plus d'inquiétude; et voyant qu'ils remontaient tristement à cheval sans se parler, elle fit un éclat de rire qui pensa fâcher Perceval. Jamais de sa vie ce fier Gallois n'avait été désar- çonné; c'était la première fois que Bliombéris l'é- tait aussi : ils ne doutèrent point que ce ne fût quel

que lutin qui avait pris la figure d'un chevalier pour . .
les vaincre ; et ce qui le leur fit penser, c'est que.
l'aventure leur arrivait près de la fontaine de .
Merlin, lieu célèbre pour les enchantemens. Con-
solés par cette idée, nos paladins continuèrent leur. .
route vers Cramalot, où Perceval voulait faire recevoir son ami chevalier de la table ronde.

Le compte qu'il rendit à Artus des actions de
Bliombéris engagea ce monarque à lui accorder ce
qu'il désirait. La seule aventure dont Perceval ne
parla pas, fut celle de la fontaine de Merlin; et
tous les chevaliers de la cour d'Angleterre donnèrent leur suffrage au nouveau frère qu'on leur pré-
sentait. La belle Genièvre, la tendre Yseult,
étaient trop liées avec Blanchefleur pour refuser
leur voix au chevalier qu'elle protégeait. Bliombéris fut donc admis d'une voix unanime à cette
fameuse table ronde, dont tous les chevaliers
étaient si braves et si galans. Tant d'honneurs ne
lui faisaient pas oublier sa Félicie; il y pensait sans
cesse, et calculait avec transport que les deux ans
d'épreuve allaient expirer dans un mois.

Peu de jours avant son départ pour la France,
le roi Artus étant à table avec ses dames et ses
paladins, on vit entrer un chevalier dont la bonne
mine inspirait du respect. Son bouclier sans devise
annonçait qu'il voulait être inconnu, la visière deson

casque était baissée : il s'approche fièrement d'Artus ; et le saluant avec grace et noblesse : Puissant roi, lui dit-il, j'ai traversé les mers sur le bruit de ta renommée. Le désir de te voir, de voir la belle Genièvre, m'amène d'un pays éloigné, et je n'ai pas regret à mon voyage. Il me reste un vœu à remplir, c'est de me battre à outrance avec le plus vaillant de tes chevaliers.

A ces mots, Lancelot, Tristan, Perceval, Gauvain, Bliombéris, Arrodian se lèvent ; et, regardant de côté le téméraire étranger ; ils demandent tous l'honneur d'éprouver leurs armes contre les siennes. Artus, content de leur impatience, se retourne vers l'inconnu : Seigneur chevalier, lui dit-il, vous n'avez qu'à choisir parmi ces guerriers. L'inconnu demande un casque ; il y jette les noms de tous ces chevaliers, et, après avoir agité le casque, il en tire lui-même le nom de Bliombéris. A peine l'a-t-il nommé, que, le regardant fixement, il paraît mécontent du sort ; et va cependant se préparer au combat. Bliombéris, piqué de l'air de mépris qu'a eu l'inconnu en lisant son nom, fier d'être chargé de l'honneur de la table ronde, embrasse son cher Perceval, baise la main du roi Artus, et se fait amener Ebène. Toutes les dames, tous les chevaliers, se rendent au lieu du combat ; Artus lui-même donne le signal, et les barrières s'ouvrent.

4.

D'un côté paraît le chevalier inconnu; ses armes bronzées contrastent parfaitement avec son cheval plus blanc que la neige. De l'autre côté s'avance Bliombéris monté sur le bel Ebène : son air est assuré, mais modeste. Les deux chevaliers courent l'un sur l'autre, et brisent leurs lances sans s'ébranler. Le terrible cimeterre brille déjà dans leurs mains; mille coups font jaillir le feu de leurs casques et de leurs boucliers. Surpris tous deux de tant de résistance, la colère se joint à la valeur. Impatiens de terminer ce combat, ils se saisissent par le milieu du corps, et se tiennent étroitement embrassés. Ils font des efforts pour se renverser : leurs chevaux se dérobent sous eux, et les deux paladins tombent ensemble, mais tombent debout et sans se quitter. Pied contre pied, poitrine contre poitrine, leurs armes crient sous les efforts qu'ils font : les secousses violentes qu'ils se donnent semblent mutuellement les raffermir; leurs forces sont si égales, que leur combat a l'air d'un repos, et leur résistance réciproque les fait paraître immobiles.

Bliombéris, en serrant son ennemi, distingua une fleur de lis gravée sur sa cuirasse; cette marque lui suffit pour connaître celui qu'il combattait. Grand Pharamond, lui dit-il, je me reconnais vaincu; et, s'il le faut, je vais tomber sur le sable; mais laissez-moi la gloire de vous avoir résisté. C'est aujourd'hui le plus beau jour de ma vie : ma défaite m'est plus glorieuse que toutes mes victoires. Pharamond lui répondit en lui serrant la main : J'exige de vous le secret ; je veux partir sans être connu ; et, satisfait de m'être éprouvé contre le plus vaillant des chevaliers d'Artus, je n'oublierai jamais ni votre valeur ni votre courtoisie : changeons d'épée. Bliombéris fléchit un genou devant le roi de France : celui-ci l'embrasse, lui donne son épée, prend la sienne ; et, remontant sur son cheval blanc, il sort de la lice, et disparaît.

Quel fut l'étonnement du roi Artus et de sa cour, lorsqu'ils virent la fin d'un combat qui faisait craindre la mort de deux chevaliers ! Bliombéris, fidèle à sa promesse, ne confia qu'au seul Perceval quel était celui qu'il avait combattu ; mais tout le monde le devina, et le modeste Bliombéris ne savait comment se dérober aux louanges de toute la cour.

Les deux ans d'épreuve expiraient ; notre héros, désespérant de trouver son père, prit congé du grand Artus, et se mit en route pour aller disputer Félicie. Le fidèle Perceval et l'aimable Blanchefleur ne voulant pas le quitter, ils passèrent tous trois la mer, et prirent le chemin de Tournay.

Qui pourrait peindre tous les sentimens qui agitent Bliombéris ? Chaque pas qu'il fait le rapproche de

Félicie, chaque instant qui s'écoule avance l'instant de la revoir. Cent fois le jour son imagination lui peint ce fortuné moment ; il en jouit avant d'y être ; et, tout entier à sa rêverie, il ne parle que pour engager Blanchefleur et Perceval à presser leurs coursiers. Ces deux amans respectaient son impatience ; et le bel Ebène, qui semblait toujours deviner les désirs de son maître, n'avait jamais marché si vite.

Bliombéris était vivement inquiet du premier moment où il verrait la princesse : il avait peur de n'être pas maître de lui. Si Félicie, disait-il, partage mon émotion, nous nous perdrons infailliblement. Perceval se creusait la tête pour prévenir ce malheur ; mais tous les moyens qu'il trouvait étaient impossibles ou dangereux. Heureusement Blanchefleur les aida : l'imagination d'une femme tendre est plus fertile que le génie de tous les enchanteurs réunis. Il faut, dit-elle à l'amoureux Bliombéris, que vous écriviez à Félicie ; je lui porterai moi-même la lettre, et vous irez attendre la réponse dans la forêt des Tourterelles. Cet avis est suivi ; Bliombéris écrit à la princesse : Blanchefleur et Perceval entrent dans Tournay avec la lettre ; et Bliombéris gagne la forêt.

Avec quel plaisir, avec quel attendrissement ne revit-il pas cette allée où il avait eu le bonheur d'être blessé par le sanglier ! de douces larmes coulaient de ses yeux en reconnaissant des lieux si chers. Il retrouva sur l'écorce de quelques arbres le mot TOUJOURS que sa main y avait gravé. Rien n'est changé, disait-il; tout est encore comme je l'ai laissé. Ah! Félicie, êtes-vous aussi la même? votre cœur.... T'adore toujours, s'écria Félicie qui arrivait dans ce moment. A peine Blanchefleur lui avait remis la lettre, qu'elle était partie pour la forêt. Elle vole, elle se précipite dans les bras de Bliombéris : ils veulent se parler; des sanglots redoublés leur coupent la parole : ils s'embrassent, ils pleurent; leurs lèvres brûlantes recueillent ces larmes, et l'ivresse du bonheur leur laisse à peine la faculté de le sentir.

Au bout de quelques instans, Bliombéris et Félicie se racontèrent tout ce qui leur était arrivé. Ce récit fut souvent interrompu, et les deux amans ne purent le finir, parce que la princesse était obligée de retourner au palais. Pour éviter tout soupçon, Bliombéris convint de n'entrer que le lendemain dans Tournay, et il passa la nuit sur ce gazon où il avait jadis délivré la tourterelle.

Cependant les chevaliers arrivaient de toutes parts pour disputer la main de la princesse : la ville de Tournay pouvait à peine les contenir. Bliombéris va descendre au palais du roi, et se présente à son lever avec la foule des paladins. Il n'avait eu garde d'oublier la brillante épée qu'il tenait de la main de Pharamond. Le monarque la reconnut, et combla de caresses Bliombéris. Ce jeune guerrier se rendit chez la reine, qui le reçut avec bonté; et passant ensuite dans l'appartement de Félicie au moment où elle recevait tous les seigneurs de la cour, cette princesse ne put s'empêcher de rougir en lui disant qu'il y avait bien long-temps qu'on ne l'avait vu.

Tout était prêt pour le tournoi dont la princesse était le prix. Déjà un magnifique trône est élevé pour Pharamond et Rosemonde. Clodion et la belle Céline sont à leurs pieds : Félicie, parée de tous les diamans de la couronne, et plus brillante que sa parure, est à côté de la reine; le cirque est rempli de gradins couverts de riches tapis; toutes les dames, tous les seigneurs de la cour remplissent ces gradins; une foule immense de peuple est au bas, et l'on voit au milieu du cirque une trentaine de chevaliers qui prétendaient à la main de la princesse.

Avant de commencer le tournoi, le roi avait décidé que l'on ferait l'examen des actions de chaque prétendant, et qu'il ne serait permis qu'aux plus illustres de combattre. Telle était la bonne foi de ces heureux temps : Pharamond ne demandait à chaque chevalier d'autre garant de sa gloire que son propre récit; et la franchise de ses paladins ne se serait pas

démentie, même pour obtenir la princesse. Chacun
rendit compte au roi, avec modestie et vérité, de ce
qu'il avait fait. Lorsque le tour de Bliombéris fut
arrivé, il détacha son épée ; et la présentant au
monarque : Voilà, dit-il, grand roi, le seul titre
qui me rend digne de disputer la princesse. Cette
épée m'a été donnée par le plus vaillant chevalier
du monde, comme un gage de son estime. Mes
autres actions ne sont rien, et je les ai oubliées
depuis celle qui m'a valu cette épée. Je vous en-
tends, lui répond Pharamond en souriant : combat-
tez, soyez vainqueur, et ma fille est à vous. Quelle
fut la joie de Bliombéris ! il embrasse les genoux du
roi, baise le bas de la robe de la belle Rosemonde,
serre contre son sein Clodion et Perceval ; et, animé
par un coup d'œil de la princesse, il s'élance sur
Ébène d'un air qui annonçait déjà la victoire.

Des trente prétendans à la princesse, onze avaient
été jugés dignes de combattre : Bliombéris était le
douzième. Pour être déclaré vainqueur, il fallait
renverser ses onze rivaux, et tenir tête pendant
tout le jour à tout chevalier qui demanderait le
combat. Rien n'étonne ces vaillans guerriers ; ils
sont déjà sur leurs coursiers, déjà leurs bras ner-
veux agitent leurs lances brillantes : on n'attendait
plus que le signal.

Les trompettes sonnent : Bliombéris part comme

un trait, et renverse au milieu de la carrière le
rival qui courait contre lui. Un autre se présente,
et Bliombéris lui fait vider les arçons. Un troisième
a le même sort. Bliombéris était le dieu Mars. Le
bel Ébène, plus fier, plus ardent que jamais, semblait jeter du feu par les yeux et par les naséaux,
et hennissait à chaque victoire. Félicie, tremblante,
suivait des yeux son amant : elle ne respirait pas
jusqu'au moment où Bliombéris renversait son adversaire; alors elle reprenait haleine, et le plus bel
incarnat se répandait sur ses joues. Pharamond
voyait avec plaisir que la victoire couronnait Bliombéris ; Clodion applaudissait de toutes ses forces;
Perceval jurait de se battre contre celui qui vain-
crait Bliombéris; et, malgré les représentations de
tous ceux qui l'entouraient, Blanchefleur criait
chaque fois : Courage, Bliombéris!

Ce vaillant guerrier se surpasse lui-même; et, sans
briser sa lance, il a déjà renversé ses onze rivaux.
Les acclamations le déclarent vainqueur. Pharamond le prend par la main, et le conduit à Félicie.
Cette princesse faisait des efforts pour dissimuler sa
joie. Bliombéris est à ses pieds : il va recevoir le
prix de son courage, lorsqu'un chevalier inconnu
demande le combat. Bliombéris, irrité de voir son
bonheur troublé par un concurrent qu'il n'attendait pas, quitte la main de la princesse; et repre-

nánt sa lance avec fureur : Qu'il paraisse, s'écria-t-il ; qu'il vienne , ce nouveau rival ! Ce rival parut : et que devint Bliombéris en reconnaissant le chevalier à la couronne de cyprès, qui avait triomphé de lui et de Perceval à la fontaine de Merlin ! Son courage est prêt à l'abandonner; une sueur froide coule partout son corps. Allons, dit-il, il faut savoir mourir, même à l'instant d'être heureux.

Le chevalier des cyprès s'avance ; il salue le roi et les princesses avec grace ; et, faisant caracoler son cheval, il glace d'effroi la tendre Félicie.

Perceval, qui l'a reconnu, s'élance dans l'arène, et veut combattre à la place de son ami; il prétend avoir à venger une injure particulière : mais les juges du camp s'y opposent, et le fier Gallois est obligé d'aller se rasseoir, en menaçant des yeux le chevalier des cyprès. La princesse, tremblante, n'ose regarder ce dernier combat: un silence morne règne dans l'assemblée, et l'on n'entend qu'en frémissant le son triste et aigu de la fatale trompette. Bliombéris regarde Félicie, se recommande à elle, serre fortement Ebène, et vole à son ennemi.

La rencontre de deux nuages chargés de tonnerre, et poussés par des vents contraires, ne fait pas un bruit plus affreux. Les deux chevaliers tombent sur la croupe de leurs chevaux, qui sont eux-mêmes renversés : mais, se débarrassant des étriers, ils se rejoignent le cimeterre à la main, et commencent un nouveau combat qui fait frémir les plus hardis des spectateurs. Félicie, que je vous plains! vous sentez tous les coups que l'on porte à votre amant, et votre cœur n'a point de cuirasse. Ce tendre cœur est déchiré par chaque coup d'épée que Bliombéris reçoit sur ses armes. Perceval furieux ne se contient déjà plus; il veut aller prendre la place de son ami. Pharamond et Blanchefleur peuvent à peine le retenir : ils lui font remarquer que Bliombéris n'a pas encore le moindre désavantage. Ce héros se défend avec la même vigueur qu'il est attaqué. Déjà cette fatale couronne de cyprès est effacée; chaque coup de Bliombéris fait voler une pièce de l'armure de son adversaire; chaque coup de son ennemi fracasse celle de Bliombéris. Le sang ne coule pas encore, mais il va bientôt couler; Bliombéris, le vaillant Bliombéris chancelle; un coup d'épée brise son casque et laisse sa tête désarmée : il la couvre de son bouclier; mais bientôt il tombe un genou à terre, et se défend encore avec intrépidité. Félicie est évanouie; Blanchefleur jette des cris affreux; et Perceval, l'épée à la main, s'élance entre les combattans. Barbare, dit-il à l'inconnu, c'est à moi qu'il faut adresser tes coups; je suis ton ennemi, je te défie, je t'abhorre; je te regarde comme le plus lâche des hommes si tu poursuis l'avantage

que le hasard te donne sur Bliombéris... Bliombéris!
s'écria l'inconnu : Bliombéris! O ciel... et c'est mon
fils que j'allais immoler! A ces mots il jette son épée
et son casque; et tendant ses bras tremblans à Bliombéris : Mon fils, mon cher fils, viens embrasser Palamède. Bliombéris se précipite dans son sein; Palamède le presse contre son cœur, le baigne de ses
larmes : Ah! mon fils, dit-il avec des sanglots, mon
enfant, mon cher enfant; c'est toi que mon épée
frappait!... toi... pour qui seul je supporte la vie!...
Guerriers, s'écrie-t-il en regardant tous les spectateurs, voilà mon vainqueur, je lui rends les armes;
mon fils me surpasse, mon fils est un héros. Ces paroles sont entendues; le cirque retentit d'applaudis-
semens.

Palamède vient présenter son fils à Pharamond,
qui voulut finir cette heureuse journée par l'hymen
de Félicie et de Bliombéris.

Palamède, Perceval et Blanchefleur ne quittèrent
plus ces tendres amans; et leur union, en les rendant heureux, fit le bonheur de toute la cour de
Pharamond.

~~~~~~

PIERRE.

NOUVELLE ALLEMANDE.

———•———

La langue allemande est trop difficile; presque
aucun Français ne l'apprend : et c'est dommage ;
nous y perdons du plaisir; les Allemands y perdent
de la gloire. Si nous pouvions lire en original leurs
bons auteurs, nous serions enchantés de cette sim-
plicité, de cette douceur qui caractérisent leurs ouvrages. Ils connaissent la nature, et surtout la nature champêtre, mieux que nous ; ils l'aiment bien
davantage, et la peignent avec des couleurs plus
vraies. Les simples traductions de Gessner sont au-
dessus de toutes nos pastorales : on ne quitte jamais la Mort d'Abel, les Idylles, Daphnis, sans se
trouver plus patient, plus tendre, plus doux, plus
vertueux enfin qu'avant la lecture. Partout c'est de
la morale pure et facile, et de la vertu qui rend heureux. Si j'étais curé de village, je lirais à mon prône
les ouvrages de Gessner; et je suis bien sûr que
tous les paysans deviendraient honnêtes gens, tou-

tes mes paroissiennes chastes, et que personne ne
dormirait au sermon.

En attendant, je fais des contés; et en voici un
que je tiens d'un petit Suisse de treize ans, qui avait
long-temps gardé les vaches de M. Gessner.

Dans un village du margraviat de Bareith, en
Franconie, vivait un laboureur nommé Pierre. Il
possédait la plus belle ferme du pays, et c'était sa
moindre richesse. Trois filles et trois garçons, qu'il
avait eus de sa femme Thérèse, étaient mariés,
avaient des enfans, et habitaient tous dans sa maison. Pierre, âgé de quatre-vingts ans, Thérèse de
soixante et dix-huit, étaient servis, aimés et respec-
tés par cette nombreuse famille, qui n'était occupée
que de prolonger leur vieillesse. Comme ils avaient
été sobres et laborieux pendant toute leur vie, nulle
infirmité ne les tourmentait dans leurs vieux ans;
contens d'eux-mêmes, s'aimant toujours, heureux
et fiers de leur famille, ils remerciaient Dieu, et bé-
nissaient leurs enfans.

Un soir, après avoir passé la journée à faire la
moisson, le bon Pierre, Thérèse et sa famille, assis
sur des gerbes, se reposaient devant leur porte. Ils
admiraient le spectacle de ces belles nuits d'été que
ne connaissent point les habitans des villes. Voyez,
disait le vieillard, comme ce beau ciel est parsemé

5.

d'étoiles brillantes, dont quelques-unes, en se déta-
chant, laissent après elles un chemin de feu. La
lune, cachée derrière ces peupliers, nous donne une
lumière pâle et tremblante, qui teint tous les objets
d'un blanc-uniforme. Le vent ne souffle plus ; les
arbres tranquilles semblent respecter le sommeil des
oiseaux qui sont dans leurs nids : là linotte et la
fauvette dorment la tête sous leur aile : le ramier
repose avec sa compagne au milieu des petits qui
n'ont encore d'autres plumes que celles de leur
mère. Ce profond silence n'est troublé que par un
cri plaintif et lointain qui vient frapper nos oreilles
à intervalles égaux ; c'est le hibou, image du méchant : il veille quand les autres reposent ; il se plaint
sans cesse, et craint la lumière du jour. O mes enfans ! soyez toujours bons, et vous serez toujours
heureux. Depuis soixante ans, votre mère et moi
nous jouissons d'une félicité tranquille : puissiez-
vous ne pas l'acheter aussi cher qu'elle nous coûta !

A ces mots quelques larmes vinrent baigner les
yeux du vieillard. Louison, une de ses petites-
filles, qui n'avait encore que sept ans, courut
l'embrasser. Mon grand-papa, lui dit-elle, vous
nous faites tant de plaisir quand vous nous ra-
contez les soirs quelque belle histoire ! jugez combien nous en aurions si vous vouliez nous dire la
vôtre ! Il n'est pas tard, la soirée est belle, et per-

sonne n'a envie de dormir. Toute la famille de Pierre lui fit les mêmes instances : on se mit en cercle autour de lui ; Louison alla s'asseoir à ses pieds, et recommanda le silence. Chaque mère prit sur ses genoux l'enfant dont les cris auraient pu distraire l'attention ; tout le monde écouta ; et le bon vieillard, caressant d'une main Louison, et tenant de l'autre la main de Thérèse, commença son histoire.

Il y a bien long-temps que j'avais dix-huit ans, et Thérèse en avait seize. Elle était fille unique d'Aimar, le plus riche fermier du pays. J'étais le paysan le plus pauvre du village : je ne m'aperçus de ma pauvreté qu'en devenant amoureux de Thérèse.

Je fis tous mes efforts pour éteindre une passion, qui devait me rendre malheureux. J'étais bien sûr que mon peu de fortune serait un obstacle éternel pour obtenir Thérèse, et que je devais renoncer à elle, ou songer aux moyens de m'enrichir. Mais, pour m'enrichir, il fallait quitter le village où demeurait Thérèse ; cet effort était au-dessus de moi : j'aimai mieux aller me présenter comme valet de ferme chez le père de Thérèse.

Je fus reçu. Vous jugez avec quel courage je travaillais. Je devins bientôt l'ami d'Aimar ; je le devins encore plus vite de sa fille. Vous tous, mes enfans, qui vous êtes mariés par amour, vous savez bien comme l'on se plaît, comme l'on se cherche,

comme l'on se trouve, quand une fois le cœur s'est
donné. Thérèse m'aimait autant qu'elle était aimée.
Je ne songeais à rien qu'à Thérèse; je vivais auprès
d'elle; je la voyais tous les jours: je ne pensais plus
que ce bonheur pouvait finir.

Je fus bientôt détrompé. Un paysan d'un village
voisin fit demander Thérèse à son père. Aimar alla
visiter les blés de celui qui s'offrait pour son gendre : d'après cet examen, il décida que c'était
l'homme qu'il fallait à sa fille. Le mariage fut arrêté.

Nous eûmes beau pleurer, nos larmes ne servaient de rien. L'inflexible Aimar fit entendre à
Thérèse que sa tristesse lui déplaisait : il fallut encore se contraindre.

Le jour fatal approchait : tout espoir nous était
ôté; Thérèse allait devenir la femme d'un homme
qu'elle haïssait. Elle était sûre d'en mourir, j'étais
certain de ne pas lui survivre; nous prîmes le seul
parti qui nous restait : nous nous enfuîmes, et le
ciel nous punit.

Thérèse et moi quittâmes le village au milieu de
la nuit. Elle était montée sur un petit cheval qu'un
de ses oncles lui avait donné : j'avais décidé qu'elle
pouvait emmener ce cheval, qui n'appartenait pas à
son père. Un petit paquet de ses hardes et des mien-
nes était dans un bissac ; quelques provisions, très

peu d'argent, fruit de ses épargnes, voilà ce qu'emportait Thérèse. Moi, je n'avais rien voulu prendre : tant il est vrai que la jeunesse se fait des vertus à son gré ; j'enlevais une fille à son père, et je me serais fait scrupule de rien emporter de chez lui.

Nous marchâmes toute la nuit. Au point du jour nous étions sur la frontière de Bohème, hors de crainte d'être rejoints. Nous nous arrêtâmes dans un vallon, au bord d'un de ces petits ruisseaux que les amoureux aiment tant à trouver. Thérèse descendit de cheval, s'assit avec moi sur le gazon, et nous fîmes un repas frugal, mais délicieux. Ce repas fini, nous nous occupâmes de ce que nous allions devenir.

Après un long entretien, après avoir compté plus de vingt fois notre argent, et estimé le cheval à sa plus haute valeur, nous trouvions toujours que toutes nos richesses ne valaient pas vingt ducats. Vingt ducats ne font pas vivre long-temps. Nous décidâmes qu'il fallait d'abord gagner une grande ville, pour y être moins découverts si l'on nous poursuivait, et pour nous marier le plus promptement possible. Après cette sage résolution, nous prîmes la route d'Egra.

En arrivant, nous courûmes à l'église ; un prêtre nous maria : nous lui donnâmes la moitié de notre petit trésor : jamais argent ne fut dépensé de si bon cœur. Il nous semblait que toutes nos peines étaient finies, que nous n'avions plus rien à craindre : tout alla bien pendant huit jours.

Au bout de ce temps, le petit cheval était vendu ; au bout d'un mois, nous n'avions plus rien. Que faire? que devenir? Je ne savais rien que des travaux rustiques, et les habitans des grandes villes font si peu de cas de l'art qui les nourrit! Thérèse n'était guère plus habile que moi ; elle souffrait, elle tremblait pour l'avenir, et nous nous cachions mutuellement nos peines : supplice cent fois plus affreux que les peines mêmes. Enfin, n'ayant plus de ressource, je m'engageai dans le régiment de cavalerie qui était en garnison à Egra. Le prix de mon engagement fut donné à Thérèse, qui le reçut en pleurant.

Ma paie me suffisait pour vivre ; les petits ouvrages que faisait Thérèse, car l'indigence l'avait instruite, lui donnaient le moyen de faire aller notre petit ménage. Un enfant vint resserrer nos nœuds : c'était toi, ma chère Gertrude ; nous te regardâmes, Thérèse et moi, comme devant faire le bonheur de nos vieux jours. A chaque enfant que le ciel nous a donné, nous avons dit la même chose ; et jamais nous ne nous sommes trompés. Je te mis en nourrice, parce que ma femme ne put te nourrir ; elle en fut désolée : elle passait les jours auprès de ton ber-

ceau, tandis que, par mon exactitude à mes devoirs,
je tâchais d'acquérir l'estime et l'amitié de mes chefs.

Frédéric, mon capitaine, n'avait que vingt ans : il
se distinguait de tous les autres officiers par sa douceur et par sa figure. Il m'avait pris en affection, je
lui racontai mon aventure : il vit Thérèse, et notre
sort l'intéressa. Il nous promettait tous les jours de
faire des démarches auprès d'Aimar ; et, comme je
dépendais absolument de lui, j'avais sa parole qu'il
me rendrait ma liberté aussitôt qu'il aurait apaisé
mon beau-père. Frédéric avait déjà écrit à notre
village sans recevoir de réponse.

Le temps s'écoulait : mon jeune capitaine ne paraissait pas se refroidir. Thérèse cependant devenait chaque jour plus triste. Lorsque je lui en de-
mandais le motif, elle me parlait de son père, et
détournait la conversation. J'étais loin de soupçon-
ner que Frédéric était la cause de son chagrin.

Ce jeune homme, ardent comme on l'est à son
âge, avait vu Thérèse comme je la voyais ; et sa
vertu fut plus faible que sa passion. Il connaissait
nos malheurs ; il savait le besoin que nous avions
de lui ; il osa expliquer à Thérèse quel prix il voulait de sa protection. Ma femme fut indignée, et le
lui témoigna : mais connaissant mon caractère violent et jaloux, elle me dérobait ce fatal secret ; elle
résistait à Frédéric sans me le dire, tandis que, trop

crédule, je lui vantais tous les jours la généreuse
amitié du capitaine.

Un jour, que, après avoir descendu le piquet, je
regagnais la maison où demeurait ma femme, j'aperçus devant moi, jugez de ma surprise, Aimar. Te voilà
donc, s'écria-t-il, ravisseur! rends-moi ma fille!
rends-moi le bonheur que tu m'as enlevé pour prix
de l'amitié que je t'avais marquée. Je tombai à genoux devant Aimar ; j'essuyai le premier moment de
sa colère ; je l'apaisai par mes pleurs : il consentit
à m'écouter. Je n'entrepris point de me justifier :
Le mal est fait, lui dis-je : Thérèse est à moi, elle
est ma femme. Ma vie est dans vos mains, punissez-
moi ; mais épargnez votre enfant, votre fille unique ;
ne déshonorez pas son époux, ne la faites pas mourir
de douleur : oubliez-moi pour ne vous souvenir que
d'elle. En disant ces mots, au lieu de le conduire
chez Thérèse, je le conduisais vers l'endroit où l'on
te nourrissait, ma fille : Venez, ajoutai-je, venez
voir quelqu'un dont il faut aussi que vous ayez
pitié.

Tu étais dans ton berceau, Gertrude, tu dor-
mais ; ton visage blanc et vermeil peignait l'innocence et la santé. Aimar te regarde, ses yeux se
mouillent. Je te prends dans mes bras, je te présente à lui : Voilà encore votre fille, lui dis-je. Tu
te réveillas à mon mouvement ; et comme si le ciel

A. Desenne del. J. J. C. Ribault sculp. 1819

t'avait inspirée, loin de te plaindre, tu te mis à sourire ; et, tendant tes deux petits bras vers le vieux
Aimar, tu saisis ses cheveux blancs, que tu serrais
dans tes doigts en rapprochant son visage du tien.
Le vieillard te couvrit de baisers, te pressa contre
sa poitrine ; et t'emportant avec lui : Allons trouver
ma fille ; viens, mon fils, s'écria-t-il en me tendant
la main. Vous devez penser, mes enfans, avec quelle
joie je le conduisis à notre maison...

Pendant le chemin, je craignis que la vue de son
père ne fît du mal à Thérèse. Dans le dessein de la
prévenir, je cours devant Aimar ; je monte, j'ouvre
la porte, et je vois Frédéric aux genoux de Thérèse,
qui était obligée d'employer la force pour se dérober
à ses transports. A peine ce spectacle avait frappé
mes yeux, que mon épée était dans le sein de Frédéric. Il tombe baigné dans son sang, il s'écrie : on
accourt ; la garde arrive, mon épée fumait encore ;
on me saisit, et le malheureux Aimar arrive avec la
foule pour voir son gendre chargé de fers.

Je l'embrassai, je lui recommandai mon enfant et
ma femme qui était sans connaissance. Je t'embrassai aussi, ma chère Gertrude, et je suivis mes camarades, qui me conduisirent dans un cachot.

J'y fus deux jours et trois nuits dans l'état que
vous pouvez imaginer. J'ignorais tout ce qui se passait ; j'ignorais le sort de Thérèse ; je ne voyais per-

sonne que mon sinistre geôlier, qui répondait à toutes mes questions en m'assurant que je ne pouvais demeurer long-temps sans être condamné.

Le troisième jour, les portes s'ouvrent ; on me dit de sortir, un détachement m'attendait : on m'entoure ; je marche ; on me conduit à la place d'armes. Je vois de loin le régiment assemblé, et j'aperçois l'affreux instrument de mon supplice. L'idée que j'étais au comble de mes maux me rendit les forces que j'avais perdues : je doublai le pas par un mouvement convulsif ; ma langue prononçait malgré moi le nom de Thérèse ; je la cherchais des yeux, je me plaignais de ne la pas trouver : j'arrive enfin.

On me lit ma sentence ; on me livre à celui qui devait l'exécuter. Je n'attendais plus que le coup mortel, lorsque des cris perçans suspendent mon supplice. Je regarde, je vois un spectre à demi nu, pâle, sanglant, faisant des efforts pour percer la troupe armée qui m'environnait : c'était Frédéric. Mes amis, s'écria-t-il, c'est moi qui suis coupable, c'est moi qui mérite la mort. Mes amis, grace pour l'innocence ! j'ai voulu séduire sa femme, il m'en a puni, il a été juste : vous êtes des barbares si vous osez attenter à ses jours. Le chef du régiment court à Frédéric : il veut le calmer : il lui montre la loi qui me condamne pour avoir porté la main sur mon officier. Je ne l'étais plus, s'écrie Frédéric ; je lui avais rendu sa liberté : voilà son congé signé de la veille ; il n'est pas soumis à votre justice. Les chefs étonnés s'assemblent ; Frédéric et l'humanité défendent mes droits ; je suis reconduit en prison : Frédéric écrit au ministre ; il s'accuse lui-même ; il demande ma grace, il l'obtient.

Aimar, Thérèse et moi, nous allâmes nous jeter aux pieds de ce libérateur. Il confirma le don qu'il m'avait fait de ma liberté ; il voulut y joindre des bienfaits, que nous n'acceptâmes point. Nous revînmes dans ce village, où la mort d'Aimar m'a laissé maître de ses biens, et où nous finirons nos jours, Thérèse et moi, dans la paix et au milieu de vous.

Tous les enfans de Pierre s'étaient pressés autour de lui pendant son récit. Il ne parlait plus, qu'ils écoutaient encore, et leurs pleurs coulaient le long de leurs joues. Consolez-vous, leur dit le bon vieillard ; le ciel m'a récompensé de toutes mes peines par l'amour que vous avez pour moi. En disant ces mots il les embrassa ; Louison le baisa deux fois, et toute la famille alla se coucher.

CÉLESTINE.

NOUVELLE ESPAGNOLE.

Les Espagnols ont été nos maîtres en littérature : nous les avons passés depuis ; mais il ne faut pas oublier qu'ils nous guidèrent. Ils avaient un théâtre et de bons poètes avant nous : Lope de Véga, Garcilasso, Michel de Cervantes, écrivaient avant la naissance de Rotrou et de Corneille. Don Quichotte avait déjà valu à la littérature espagnole une gloire dont elle a paru se contenter, puisqu'elle ne s'est pas souciée d'aller au-delà. Leur langue était universellement répandue : presque tous les académiciens dont le cardinal de Richelieu composa l'Académie française savaient l'espagnol, et traduisaient ou imitaient les auteurs de cette nation. Tous les romans, toutes les comédies de ce temps peignaient les mœurs de l'Espagne. En effet, ces mœurs étaient favorables à la scène : les aventures singulières, les quiproquo, les déguisemens, les duels, qui remplissent tous leurs livres, déplaisent quelquefois, mais n'ennuient guère : la curiosité fait toujours achever l'ouvrage, ce qui n'arrive pas toujours avec des auteurs plus raisonnables. D'ailleurs cette galanterie maure, mêlée à la vivacité, à la noblesse du caractère castillan, fait de tous les vrais Espagnols autant de héros; et l'on sait que les Espagnoles sont les amantes les plus passionnées.

Comment se fait-il donc que ce peuple, qui a de la valeur, de l'esprit, une patience à toute épreuve, un superbe royaume, les Philippines, les mines du Potose, la moitié de l'Amérique et des Bourbons, ne soit pas le plus puissant peuple de l'Europe? Il y aurait là-dessus beaucoup de choses à dire, que je ne dirai point pour trois raisons : la première, c'est qu'elles seraient inutiles ; la seconde, c'est que je déplairais peut-être à ALGUNO FAMILIAR DEL SANTO OFFICIO; eh! que Dieu m'en préserve! la troisième, c'est que j'ai une nouvelle à raconter.

Célestine à dix-sept ans était la beauté de Grenade. Orpheline et héritière d'une fortune immense, elle vivait sous la tutelle d'un vieux oncle dur et avare : cet oncle s'appelait Alonze. Il était occupé toute la journée à compter ses ducats, et toute la nuit à faire taire les sérénades que l'on venait donner à Célestine. Le dessein d'Alonze était de marier cette riche héritière avec don Henrique son fils, qui étudiait depuis dix ans à l'université de Sala-

manque, et commençait à expliquer Cornélius Né-
pos assez passablement.

Presque tous les cavaliers de Grenade étaient
amoureux de Célestine : ils ne pouvaient la voir
qu'à la messe, et tous les jours l'église où elle allait
était remplie des jeunes gens les plus aimables et
les mieux faits. Parmi eux se distinguait don Pèdre.
Capitaine de cavalerie à vingt ans, peu riche, mais
d'une grande maison, beau, doux, spirituel et très-
tendre ; il attirait les yeux de toutes les dames de
Grenade, et il ne regardait que Célestine. Celle-ci,
qui s'en était aperçue, commençait à regarder aussi
don Pèdre.

Ils passèrent ainsi deux mois sans oser se parler,
et ne s'en disaient pas moins beaucoup de choses.
Au bout de ce temps don Pèdre trouva le moyen de
faire parvenir à sa maîtresse une lettre qui lui apprenait tout ce qu'elle savait déjà. La sévère Célestine
eut à peine lu cette lettre, qu'elle la fit reporter à
don Pèdre avec beaucoup de dignité : mais, comme
Célestine avait une mémoire fort heureuse, elle re-
tint la lettre par cœur, et fut en état d'y répondre
très en détail huit jours après.

Nos deux amans s'aimaient et s'écrivaient : don
Pèdre voulait davantage. Il sollicitait depuis long-
temps la permission de venir causer à la jalousie de
Célestine. Tel est l'usage d'Espagne, où les fenêtres

servent bien plus pour la nuit que pour le jour : là se donnent tous les rendez-vous. A l'heure où la rue doit être déserte, l'amant s'enveloppe de son manteau, s'arme de son épée, et marche, en invoquant l'Amour et la Nuit, vers une jalousie basse, grillée du côté de la rue, et fermée en dedans par des volets. Bientôt les volets s'ouvrent doucement; la charmante Espagnole paraît, et demande en tremblant si personne n'est dans la rue : son amant, transporté de joie, la rassure : on se parle à voix basse, on s'interrompt, on se dit cent fois la même chose : les sermens volent à travers les grilles; les baisers y passent à moitié; l'amant maudit les barreaux; la maîtresse leur rend grace : le jour approche; il faut se séparer : on est encore une heure à se dire adieu, et l'on se quitte sans avoir parlé d'une infinité de choses intéressantes que l'on avait à se dire.

La jalousie de Célestine était au rez-de-chaussée, et donnait sur une petite place mal bâtie, déserte, et habitée seulement par les plus pauvres du peuple. La vieille nourrice de don Pèdre y occupait une misérable chambre vis-à-vis de la fenêtre de Célestine. Pèdre va trouver sa nourrice : Ma bonne mère, lui dit-il, j'ai souffert trop long-temps que vous fussiez si mal logée, cet oubli est coupable de ma part, et je veux le réparer en vous donnant un apparte-

ment chez moi : venez l'occuper, et abandonnez
celui-ci à ma disposition. La bonne femme, attendrie jusqu'aux larmes, refuse long-temps ; mais,
pressée de manière à ne pouvoir résister, elle accepte le change en baisant les mains de son pieux
nourrisson.

Jamais roi ne prit possession d'un palais avec autant de joie qu'en ressentit don Pèdre en s'établissant dans la chambre de sa nourrice. Dès que le
soir fut venu, Célestine parut à la jalousie : elle
promit d'y venir tous les deux jours, et tint parole
tous les jours. Ces doux entretiens achevèrent d'enflammer ces tendres amans : bientôt toutes les heures
de la nuit furent employées à se parler, et toutes
les heures du jour à s'écrire. Enfin ils en étaient
tous deux à ce point d'ivresse, de bonheur et de
tourmens, dernier période de l'amour, quand le fils
d'Alonze, Henrique, le futur époux de Célestine,
arriva de Salamanque, apportant pour sa prétendue
une déclaration d'amour en latin que son régent
lui avait faite.

On tint conseil à la jalousie ; mais pendant ce
temps le vieux tuteur faisait dresser le contrat de
mariage, et le jour était fixé pour marier Célestine
et Henrique. Tout le monde sait bien qu'en pareille
circonstance il n'y a d'autre parti à prendre que de
s'enfuir en Portugal. C'est à quoi on se décida. Il

fut arrêté qu'en arrivant à Lisbonne les deux amans commenceraient par se marier, et plaideraient en-suite avec le tuteur. Célestine devait se munir d'une cassette de pierreries que sa mère lui avait laissée : cette cassette valait beaucoup d'argent, et devait faire vivre les époux jusqu'au gain du procès. Jamais dessin ne fut combiné avec tant de prudence.

Il ne s'agissait plus que de pouvoir s'échapper ; et pour cela il fallait s'emparer de la clé de la ja-lousie. Célestine en vint à bout. Aussitôt il fut arrêté que le lendemain, à onze heures du soir sonnantes, Pèdre, après avoir disposé des chevaux hors de la ville, viendrait chercher Célestine, qui descendrait par la fenêtre, et qu'ils fuiraient tous deux vers le Portugal.

Don Pèdre employa toute la journée aux apprêts de son départ. Célestine, de son côté, arrangea et dérangea vingt fois la petite cassette qui devait les suivre : elle eut grand soin d'y serrer une fort belle émeraude que son amant lui avait donnée. Célestine et la cassette étaient prêtes à huit heures du soir ; et il n'en était pas dix, que don Pèdre, dont la voi-ture était sur la route d'Andalousie, gagnait, en palpitant de joie, la petite place.

Sur le point d'y arriver, il entend appeler au se-cours, et voit deux hommes attaqués par cinq spa-dassins qui, armés d'épées et de bâtons, s'en ser-

vaient alternativement contre eux. Le brave Pèdre
oublie tout pour se jeter sur les agresseurs : il en
blesse deux, et fait fuir les trois autres. Quelle est
sa surprise en reconnaissant dans ceux qu'il a déli-
vrés le tuteur Alonze et son fils Henrique! Les
jeunes cavaliers de la ville, amoureux de Célestine,
et sachant que Henrique allait l'épouser, avaient eu
l'indignité de faire insulter leur rival par des spa-
dassins, espèce de scélérats trop commune en Espagne; et, sans la valeur de don Pèdre, le vieux
avare et le jeune écolier auraient eu de la peine à
se tirer de leurs mains.

Pèdre cherchait à se dérober à leurs remerciemens;
mais Henrique, qui se piquait d'avoir appris la politesse à Salamanque, jurait qu'il ne le quitterait pas
de toute la nuit. Pèdre, au désespoir, avait déjà entendu sonner onze heures. Hélas! il ne savait pas le
malheur qui lui était arrivé.

Un des spadassins qu'il avait mis en fuite avait
passé, le nez dans son manteau, près de la jalousie
de Célestine. Il faisait une nuit très-obscure : la malheureuse amante, qui avait ouvert la fenêtre, et qui
attendait don Pèdre, crut le voir en apercevant le
spadassin. Elle lui tend la main avec un soupir d'impatience et de joie; et lui présentant la cassette :
Prenez nos diamans, lui dit-elle, tandis que je vais
descendre. Au mot de diamans, le spadassin s'arrête,

saisit la cassette sans répondre un seul mot; et tandis que Célestine est occupée à descendre, il s'enfuit précipitamment.

Jugez de la surprise de Célestine, lorsque, seule dans la rue, elle regarde autour d'elle, et ne voit plus celui qu'elle avait pris pour don Pèdre. Elle croit d'abord qu'il s'est éloigné pour ne pas donner des soupçons; elle marche, elle se hâte, le cherche des yeux, l'appelle à voix basse : elle n'aperçoit rien, et personne ne répond. La frayeur la saisit : elle ne sait plus ce qu'elle doit faire. Retournera-t-elle dans sa maison? Sortira-t-elle de la ville pour aller trouver les chevaux et les gens de don Pèdre qui l'attendent? Elle balance, elle frémit, et marche toujours. Bientôt elle s'égare dans les rues : la solitude, l'obscurité, tout redouble ses alarmes. Enfin elle rencontre un homme, et lui demande en tremblant si elle est loin de la porte de la ville : cet homme la lui indique. Célestine respire; elle s'avance avec plus de courage, sort de Grenade, et ne trouve personne. Elle n'ose encore accuser son amant; elle espère toujours qu'il est plus loin : elle s'engage dans le chemin, tremble à chaque buisson, appelle à chaque pas don Pèdre; et plus elle marche, plus elle s'égare : c'était le côté opposé à la route de Portugal.

Cependant don Pèdre n'avait pu se débarrasser

du reconnaissant Henrique et de son père. Sans vouloir le quitter d'un pas, ils le forcèrent de venir
avec eux dans leur maison. Pèdre, comptant bien
que Célestine allait apprendre en le voyant la cause
de son retard, se résigne à les suivre. Ils arrivent :
Alonze vole à la chambre de sa pupille pour l'instruire du péril qu'il a couru; il l'appelle : on ne
répond point : il entre; la jalousie est ouverte. Ses
cris font venir les valets; l'alarme est dans la maison :
Célestine s'est échappée! Pèdre, au désespoir, veut
sur-le-champ courir après elle : Henrique, en le
remerciant de l'intérêt qu'il prend à son malheur,
veut l'accompagner partout. Mais, pour être plus
sûr de la retrouver, Pèdre exige qu'il aille d'un
côté pendant qu'il ira de l'autre. Il court rejoindre
ses gens; et, ne doutant pas que Célestine ne soit
sur la route de Portugal, il crève ses chevaux en
s'éloignant d'elle, tandis que Henrique galope vers
les Alpuxares, chemin que Célestine avait pris.

La triste Célestine suivait la route des Alpuxares,
demandant son cher don Pèdre à tous les objets
que la nuit lui laissait distinguer. Elle entendit derrière elle un bruit de chevaux; sa première pensée
fut que c'était don Pèdre; la seconde que ce pouvait
être des voyageurs ou des brigands : elle sort du
chemin toute tremblante, et se cache derrière des
broussailles. Bientôt elle voit passer Henrique suivi

de plusieurs valets : elle frémit à cette vue; et, de peur de retomber au pouvoir d'Alonze, si elle suit la grande route, elle s'en détourne et s'enfonce dans les bois.

Les Alpuxares sont une chaîne de montagnes qui va depuis Grenade jusqu'à la Méditerranée : elles ne sont habitées que par des pâtres et des laboureurs. Un sol aride et pierreux, des chênes verts épars çà et là, des torrens, des cascades bruyantes, et quelques chèvres suspendues à la cime des rochers, sont les seuls objets qui se présentent à Célestine aux premiers rayons du jour. Epuisée de lassitude et de douleur, les pieds déchirés par les cailloux, elle s'arrête sous un roc, au travers duquel filtrait une eau limpide. Le silence de cette grotte, le paysage agreste qui l'environnait, le bruit sourd et lointain de plusieurs cascades, le murmure de cette eau qui tombait goutte à goutte dans le bassin qu'elle s'était creusé, tout semblait se réunir pour faire mieux sentir à Célestine qu'elle était seule au milieu d'un désert, abandonnée de toute la nature. Couchée au bord de cette eau, où ses larmes tombaient par intervalles, songeant au malheur qui la menaçait, mais songeant surtout à don Pèdre, elle se flattait encore de le retrouver un jour. Ce n'est pas lui, disait-elle, que j'ai vu fuir avec mes diamans; en vain j'ai cru le reconnaître. Comment est-il possible qué mon cœur ne m'ait pas avertie! il me cherche, j'en suis sûre; il pleure loin de moi, et je vais mourir loin de lui.

Comme elle disait ces mots, elle entendit au bas de la grotte le son d'une flûte champêtre; elle écoute; et bientôt une voix douce, mais sans culture, chante sur un air rustique ces paroles :

Plaisir d'amour ne dure qu'un moment;
Chagrin d'amour dure toute la vie.
J'ai tout quitté pour l'ingrate Silvie :
Elle me quitte, et prend un autre amant.
Plaisir d'amour ne dure qu'un moment;
Chagrin d'amour dure toute la vie.

Tant que cette eau coulera doucement
Vers le ruisseau qui borde la prairie,
Je t'aimerai, me répétait Silvie :
L'eau coule encore, elle a changé pourtant.
Plaisir d'amour ne dure qu'un moment;
Chagrin d'amour dure toute la vie.

Qui le sait mieux que moi? s'écria Célestine en sortant de la grotte pour parler à celui qui chantait. C'était un jeune chevrier, assis au pied d'un saule, et regardant avec des yeux mouillés de pleurs l'eau qui serpentait sur les cailloux : dans ses mains était une flûte, à ses côtés un bâton d'épine et un petit paquet de hardes enveloppées dans une peau de chèvre. Berger, lui dit Célestine, on vous a sans doute abandonné; ayez pitié d'une étrangère que l'on abandonne aussi, et enseignez-moi dans ces montagnes un village, une habitation, où je puisse trouver, non du repos, mais du pain. Hélas! madame, lui répondit le chevrier, je voudrais pouvoir vous conduire jusqu'au village de Gadara, situé derrière ces roches; mais vous n'exigerez pas que j'y retourne quand vous saurez que ma maîtresse doit épouser aujourd'hui même mon rival. Je vais quitter ces montagnes pour n'y revenir de ma vie; et je n'emporte que ma flûte, un habit dans ce paquet, et le souvenir du bien que j'ai perdu. Ce peu de mots fit naître plusieurs idées à Célestine : Mon ami, dit-elle au chevrier, vous n'avez point d'argent, et il vous en faudra quand vous serez sorti de ce pays : j'ai quelques pièces d'or que je vais partager avec vous, si vous voulez me donner l'habit renfermé dans ce paquet. Le chevrier accepte l'offre : Célestine lui donne une douzaine de ducats; et, après s'être fait instruire du sentier qui menait à Gadara, elle dit adieu au chevrier, et rentre dans la grotte pour s'habiller en berger.

Elle en sortit avec la veste de peau de chamois tailladée en bleu céleste, la panetière, le chapeau orné de rubans; et plus belle dans cet équipage

qu'elle ne l'avait jamais été couverte de pierreries.
Elle prend le chemin du village, arrive; et, s'arrê-
tant sur la grande place, elle demande aux paysans
si quelqu'un d'eux n'a pas besoin d'un valet de
ferme. On l'environne, on la regarde : les jeunes
filles surtout considèrent ses beaux cheveux blonds
qui flottent sur ses épaules, ses yeux doux et brillans, quoiqu'un peu abattus : sa taille svelte, sa
démarche, tout les surprend et les ravit. Personne
ne peut deviner d'où vient un si beau jeune
homme. L'un pense que c'est un grand seigneur
déguisé; un autre que c'est un prince amoureux
de quelque bergère; et le magister, qui était le
poète du lieu, assure que c'est Apollon réduit une
seconde fois à venir garder les troupeaux.

Célestine, qui prit le nom de Marcélio, ne fut
pas long-temps à trouver un maître. Ce fut le vieux
alcade du village, regardé comme le plus honnête
homme du pays. Ce bon laboureur, car les alcades
ne sont pas autre chose, se sentit bientôt la plus
tendre amitié pour Célestine. A peine la laissa-t-il
un mois à la garde de son troupeau : il lui donna
l'emploi de veiller sur sa maison ; et Marcélio s'en
acquittait avec tant de douceur et de fidélité, que
le maître et les valets s'en louaient également. Au
bout de six mois, l'alcade, qui avait plus de quatre-
vingts ans, laissa l'entière disposition de son bien

Nouvelles P. 81.

à son cher Marcélio : il alla même jusqu'à le consulter sur toutes les causes qu'on lui portait à
juger ; et jamais l'alcade n'avait été si juste que depuis qu'il était guidé par Marcélio. Marcélio était
l'exemple et l'amour du village : sa douceur, ses
graces, sa sagesse, lui gagnaient tous les cœurs.
Voyez, disaient toutes les mères à leurs fils, voyez
ce beau Marcélio, il est toujours avec son maître ; il
s'occupe sans cesse de rendre heureuse sa vieillesse,
et ne quitte pas ses devoirs, comme vous, pour
courir après les bergères.

Deux ans se passèrent ainsi. Célestine, songeant
toujours à don Pèdre, avait secrètement envoyé
un berger dont elle était sûre, s'informer à Grenade
de son amant, d'Alonze et d'Henrique. Le berger
lui avait rapporté que le vieux Alonze était mort,
qu'Henrique était marié, et que depuis deux ans
Pèdre n'avait paru dans le pays. Célestine n'espérait
plus le revoir ; et, heureuse de passer ses jours au
village, au sein de la paix et de l'amitié, elle tâchait
d'accoutumer son cœur à ne vivre que de ce dernier sentiment, quand le vieux alcade, son maître,
tomba dangereusement malade. Marcélio lui rendit
les soins du fils le plus tendre, et le bon vieillard le
traita comme un père reconnaissant : il mourut en
laissant tout son bien au fidèle Marcélio. Ce testament ne consola pas l'héritier.

Tout le village pleura son alcade. Après lui avoir
rendu les honneurs funèbres avec plus de larmes
que de pompe, on s'assembla pour élire son successeur. En Espagne, certains villages ont le droit
de nommer leur alcade ; c'est-à-dire le magistrat
qni juge leurs procès, prend connaissance-des dé-
lits, fait arrêter les coupables, les interroge, et les
livre ensuite aux justices supérieures, qui d'ordi-
naire confirment les sentences de ces paysans magistrats ; car les bonnes lois sont toujours d'accord
avec la simple raison.

Le village assemblé élut tout d'une voix celui
que le dernier alcade semblait avoir désigné pour
successeur. Les vieillards, suivis de tous les jeunes
gens, vinrent en cérémonie porter à Marcélio la
marque de sa dignité: c'était une baguette blanche.
Célestine l'accepta ; et, touchée jusqu'aux larmes
des témoignages d'affection que lui donnaient ces
bonnes gens, elle résolut de consacrer à leur bonheur une vie destinée d'abord à l'amour.

Tandis que le nouvel alcade s'occupe des devoirs
de son état, rappelons-nous le malheureux don
Pèdre, que nous avons laissé galopant sur la route
de Portugal, et s'éloignant toujours de celle qu'il
espérait rencontrer.

Il alla jusqu'à Lisbonne sans apprendre aucune
nouvelle de Célestine. Il revient sur ses pas,

cherche de nouveau dans tous les lieux où il a déjà cherché, retourne à Lisbonne, et n'est pas plus heureux. Après six mois de soins et de peines inutiles, s'étant assuré que sa chère Célestine n'avait pas reparu à Grenade, il s'imagina qu'elle était peut-être à Séville, où elle avait des parens. Il court à Séville : les parens de Célestine venaient de partir avec la flotte du Mexique. Pèdre ne doute pas que sa maîtresse ne soit au Mexique : il s'embarque sur le dernier vaisseau qui restait à partir, arrive à Mexico, trouve les parens de Célestine, mais ne trouve point celle qu'il cherchait. Il revient en Espagne : son vaisseau, battu de la tempête, fait naufrage sur les côtes de Grenade. Don Pèdre se sauve à la nage avec quelques passagers ; ils abordent, pénètrent dans les montagnes pour demander du secours, et le hasard ou l'amour les conduit à Gadara.

Don Pèdre et ses compagnons d'infortune entrent dans la première hôtellerie : ils se félicitent d'avoir échappé au danger : et, tandis qu'on les questionne sur leur malheur, un des passagers prend querelle avec un soldat du vaisseau pour une cassette que le soldat avait sauvée, et que le passager prétendait lui appartenir. Don Pèdre, qui veut apaiser la dispute, fait déclarer au passager ce que contient la cassette, et va l'ouvrir, pour s'assurer qu'il a dit vrai. Que devient-il en reconnaissant les pierreries de Célestine, et parmi elles l'émeraude qu'il lui avait donnée ! Il demeure un instant immobile ; examine plus attentivement les bijoux ; et fixant le maître avec des yeux pleins de fureur : D'où vous viennent ces pierreries ? lui dit-il d'une voix terrible. Que vous importe ? répond fièrement le passager ; il suffit qu'elles m'appartiennent. Il veut alors les arracher à don Pèdre ; mais celui-ci, ne se possédant plus, le repousse, met l'épée à la main, et attaquant le passager : Traître, lui dit-il, tu confesseras ton crime, ou tu périras sur l'heure. En disant ces mots, il pousse son ennemi, qui se défend avec valeur, mais qui tombe bientôt percé d'un coup mortel. Tout le monde accourt à ce spectacle : on environne don Pèdre, on le saisit, on le traîne au cachot ; et le maître de l'hôtellerie envoie sa femme chercher le curé pour assister le mourant, tandis qu'il court lui-même chez l'alcade porter la cassette, et rendre compte de tout ce qui vient d'arriver.

Quelles furent là surprise, la joie, la frayeur de Célestine, en reconnaissant ses diamans, et en apprenant l'attentat du cavalier prisonnier ! Sur-le-champ elle court à l'hôtellerie : le curé y était déjà ; et le mourant, touché de ses exhortations, déclara devant l'alcade que, deux ans auparavant, en pas-

sant la nuit dans une rue de Grenade, une femme,
à une jalousie, lui avait présenté la cassette, en lui
disant de la garder tandis qu'elle allait descendre ;
qu'il s'était enfui avec les bijoux ; et qu'il demandait
pardon de ce vol à Dieu, et à la dame qu'il ne
connaissait point. Après ce récit, il expira, et Célestine courut à la prison.

Comme son cœur palpitait pendant le chemin !
Elle précipite ses pas : tout lui dit que c'est don
Pèdre qu'elle va revoir ; mais elle craint d'être reconnue. Elle enfonce son chapeau sur ses yeux,
s'enveloppe de son manteau ; et, précédée d'un
greffier et du geôlier qui portait une lumière, elle
descend dans le cachot.

A peine fut-elle au bas de l'escalier, qu'elle reconnut don Pèdre. A cette vue, la joie lui ôte
presque l'usage de ses sens : elle s'appuie contre le
mur ; sa tête tombe sur son épaule, et ses larmes
coulent le long de ses joues. Elle les essuie, reprend haleine ; et, s'efforçant de parler avec assu-
rance, elle approche du prisonnier : Étranger,
lui-dit-elle en déguisant sa voix et prenant de longs
intervalles pour respirer, vous avez tué votre compagnon !...... qui a pu vous porter...... à une action
si coupable ? Après ce peu de mots, elle ne peut
se soutenir, et s'assied sur une pierrre en cou-
vrant son visage de sa main. Alcade, lui répond

don Pèdre, je n'ai point fait un crime, c'était une justice ; mais je demande la mort : la mort seule peut finir de longs malheurs dont le scélérat que je viens d'immoler fut la première cause. Condamnez-moi, je ne veux pas me défendre ; délivrez-moi d'une vie qui m'est odieuse depuis que j'ai perdu le seul bien que je chérissais, depuis que je n'espère plus retrouver....... Il n'acheva pas, et ses lèvres murmurèrent tout bas Célestine.

Célestine tressaillit en entendant prononcer son nom : elle n'est plus maîtresse de son transport ; elle se lève, et va pour se précipiter dans les bras de son amant. Mais la présence des témoins l'arrête ; elle détourne les yeux, étouffe ses sanglots, et demande à rester seule avec le prisonnier : elle est obéie. Laissant alors couler ses larmes avec plus de liberté, elle s'avance vers don Pèdre, le regarde, lui tend la main, et dit en sanglotant : Vous aimez donc toujours celle qui ne vit que pour..... toi?..... A ce son de voix, à ces paroles, Pèdre lève la tête, et n'ose en croire ses yeux : O ciel ! est-ce vous? est-ce ma Célestine ou un ange du ciel qui prend sa figure?... Ah! c'est toi, je n'en doute plus, s'écria-t-il en la serrant dans ses bras, en la baignant de ses larmes ; c'est mon épouse, mon amie : tous mes malheurs sont finis.

Non, lui dit Célestine après quelques momens de

silence, tu es coupable d'un meurtre, et je ne puis briser tes fers ; mais j'irai dès demain à la ville tout révéler au juge de qui nous dépendons ; je lui découvrirai ma naissance, je lui raconterai nos malheurs ; et, s'il me refuse ta liberté, je reviendrai finir mes jours en prison.

Aussitôt Marcélio ordonne que don Pèdre soit tiré du cachot souterrain pour en occuper un autre moins affreux : il pourvoit à ce qu'il ne puisse manquer de rien ; et le tendre alcade, plus tranquille, retourne chez lui disposer son voyage du lendemain. L'événement le plus terrible l'empêcha de partir, et hâta la liberté de don Pèdre.

Quelques galères d'Alger, qui suivaient depuis plusieurs jours le vaisseau de don Pèdre, étaient arrivées sur la côte après son naufrage. Pour ne pas perdre leur course, elles résolurent de faire une descente pendant la nuit. Deux renégats, qui connaissaient les lieux, se chargèrent de les conduire au village de Gadara ; et ces malheureux ne les guidèrent que trop bien. Vers une heure du matin, temps de repos pour le laboureur, et de réveil pour le scélérat, on entend crier : Aux armes! aux armes! Les Turcs ont débarqué, ils massacrent nos habitans, ils brûlent nos maisons! Ces tristes paroles, l'horreur de la nuit, les plaintes des mourans, jettent la consternation dans tous les cœurs. Les femmes trem-

blantes serrent leurs époux dans leurs bras ; les vieillards vont se réfugier près de leurs fils. Dans un
moment le village est en feu. C'est alors qu'à la
lueur des flammes on voit briller les terribles cimeterres, et que l'on distingue les turbans blancs des
infidèles. Ces barbares, le flambeau d'une main et
la hache de l'autre, brisent, brûlent les portes des
maisons, se précipitent à travers les débris fumans
pour aller chercher des victimes ou des dépouilles,
et reviennent couverts de sang et chargés de butin.

Les uns pénètrent dans l'asile où deux jeunes
époux, unis seulement depuis le matin, viennent
d'être conduits par leur mère. Plus pressés d'être
reconnaissans que d'être heureux, tous deux, à genoux, à côté l'un de l'autre, remercient le ciel d'a-
voir couronné leurs longues et chastes amours ; tous
deux lui demandent le bonheur de l'objet aimé... Un
barbare ose porter ses mains sanglantes sur la timide
épouse ; il fait enchaîner son malheureux amant,
qu'il épargne par cruauté ; et, malgré ses cris et ses
pleurs, il arrache, à ses yeux, le prix qui n'était dû
qu'à lui.

D'autres, plus cruels peut-être, vont enlever l'enfant qui dort dans son berceau. La mère, au désespoir, furieuse, hors d'elle-même, le défend seule
contre tous : rien ne l'étonne, rien ne l'épouvante :
elle brave, elle provoque la mort, elle supplie, elle

menace; tandis que le tendre enfant, déjà saisi par ces tigres, les baigne de ses larmes, leur tend ses petits bras, et demande avec des cris que l'on ne tue pas sa mère.

Rien n'est sacré pour ces barbares : ils forcent les portes de la maison de Dieu, brisent les tabernacles, arrachent l'or qui couvrait les reliques, et foulent aux pieds les os des saints. Hélas! de quoi servent aux prêtres leur caractère sacré, aux vieillards leurs cheveux blancs, à la jeunesse ses graces, aux enfans leur innocence? tout est poignardé ou enchaîné; et bientôt le village ne sera plus qu'un amas de pierres et de cadavres.

Aux premiers cris, au premier tumulte, l'alcade réveillé se lève, court à la prison, fait ouvrir les portes, instruit don Pèdre du danger. Le brave Pèdre demande une épée pour lui et un bouclier pour l'alcade. Il prend par la main Célestine, se fait jour à travers le tumulte, et arrive à la grande place. Là il s'adresse aux fuyards : Amis, s'écrie-t-il, vous êtes Espagnols, et vous fuyez! vous fuyez en abandonnant vos femmes et vos enfans à la fureur des infidèles! Il les arrête, les range autour de lui, leur inspire son audace, et fond le sabre à la main sur un gros de Turcs qui s'avançait : il les rompt, il les disperse : il crie victoire. Les habitans reprennent cou-

rage; ils viennent en foule se joindre à leurs compagnons. Pèdre, sans quitter Célestine, et toujours
occupé de lui faire un rempart de son corps, attaque les barbares, les effraie par ses cris, les terrasse
par ses coups, immole tous ceux qui résistent,
chasse le reste hors du village, reprend les dépouilles, les prisonniers, et quitte la poursuite des ennemis pour venir éteindre l'incendie.

Le jour commençait à naître, quand on vit arriver
de la ville prochaine un corps de troupes averti trop
tard de la descente des infidèles. Le gouverneur les
conduisait : il trouve don Pèdre environné de femmes, d'enfans, de vieillards, qui baisaient ses mains
en pleurant, et le remerciaient de leur avoir rendu
leur époux, leur père, leur fils. L'alcade, auprès de
don Pèdre, jouissait du plaisir si doux de voir aimer
l'objet qu'on aime. Le gouverneur, informé des
exploits de Pèdre, le combla d'éloges et de caresses :
mais Célestine demande qu'on l'écoute, et déclare
au gouverneur, devant tout le village assemblé, son
sexe, ses aventures, le meurtre qu'a commis don
Pèdre, et les motifs qui le rendent si excusable.
Tous les habitans attendris tombent aux pieds du
gouverneur pour obtenir la grace de celui qui les a
sauvés. Cette grace est accordée ; et l'heureux Pèdre
embrassait à la fois Célestine, le gouverneur et les
principaux habitans, quand un des vieillards s'a-

vance vers lui: Brave étranger, lui dit-il, vous êtes notre libérateur; mais vous nous enlevez notre alcade, et cette pérte est peut-être plus grande que votre bienfait. Doublez nos biens, au lieu de nous en ôter : restez dans ce village ; daignez être notre alcade, notre maître, notre ami : honorez-nous en nous permettant de vous aimer à notre aise. Dans une grande ville, le lâche et le méchant, qui ont le même rang que vous, se croiront vos égaux : ici chaque habitant vertueux vous regardera comme son père. Après Dieu, ce sera vous que nous honorerons le plus; et tous les ans, à pareil jour, nos pères de famille viendront vous présenter leurs enfans, en leur disant : Voici celui qui a sauvé votre mère.

Pèdre se jette au cou du vieillard qui lui parlait ainsi. Oui, mes enfans, oui, mes frères, je reste ici; je ne vivrai plus que pour Célestine et pour vous. Mais mon épouse a des biens considérables à Grenade ; notre digne gouverneur nous les fera rendre ; et ces biens seront employés à rebâtir les maisons brûlées par les infidèles. A cette seule condition j'accepte la place d'alcade : et, quand je vous aurai consacré et nos richesses et ma vie, nous ne serons pas quittes : vous m'avez rendu Célestine.

Tout le village embrassa les genoux de don Pèdre. Le gouverneur se chargea de tout arranger sélon ses desseins. Deux jours après on célébra le mariage de Célestine et de son amant. Malgré les malheurs récens, les habitans leur firent des fêtes; et les deux amans vécurent long-temps heureux, en rendant heureux tout le village.

SOPHRONIME.

NOUVELLE GRECQUE.

————◦◦◦◦———

Il faut être plus Grec que je ne le suis pour oser parler des Grecs : je me contente d'admirer leurs livres, que je ne lis pourtant que traduits. L'Iliade, et surtout l'Odyssée, me transportent. Je pleure toujours en relisant la scène d'Ulysse et d'Eumée, celle avec la fidèle Euryclée, la reconnaissance du roi d'Ithaque et de Pénélope. Comme il connaisait la nature, celui qui n'a pas dédaigné de placer dans un poëme épique Argus, ce bon vieux chien qu'on laissait périr sur du fumier à la porte du palais, et qui meurt de joie en revoyant son maître !

Les Grecs modernes ne font plus de si beaux contes, et malheureusement la nouvelle suivante est l'ouvrage d'un Grec moderne.

Sophronime naquit à Thèbes : son père, d'une famille ancienne de Corinthe, était venu s'établir dans la capitale de la Béotie. Il y mourut ; sa femme

8.

le suivit bientôt : Sophronime à douze ans se trouva sans parens, sans fortune et sans protecteur.

De tout ce qui lui manquait, il ne regrettait que son père et sa mère. Le pauvre enfant allait pleurer tous les jours sur leur tombe; il revenait ensuite manger le pain que lui donnait par charité un prêtre de Minerve.

Un jour que le malheureux orphelin s'était perdu dans la ville, il entra dans l'atelier du fameux Praxitèle. Il est saisi d'un transport involontaire à la vue de tant de chefs-d'œuvre : il regarde, il admire; et, s'adressant à Praxitèle avec cette hardiesse et ces graces qui n'appartiennent qu'à l'enfance : Mon père, lui dit-il, donne-moi un ciseau, et apprends-moi à devenir un grand homme comme toi. Praxitèle regarde ce bel enfant; il est étonné du feu qui brille dans ses yeux; il l'embrasse avec tendresse : Oui, je serai ton maître, lui répond-il ; reste avec moi, j'espère que tu me surpasseras.

Le jeune Sophronime, heureux et reconnaissant, ne quitta plus Praxitèle, et sentit bientôt se développer le grand talent qu'il avait reçu de la nature : à dix-huit ans, il faisait déjà des ouvrages que son maître aurait avoués.

Malheureusement, à cette époque, Praxitèle mourut, et laissa par son testament une somme assez considérable à son élève favori. Sophronime fut in-

consolable : le séjour de Thèbes lui devint odieux;
il quitta sa patrie, et employa le legs de son bienfaiteur à parcourir la Grèce.

Comme il portait dans toutes les villes cet amour
du beau, ce désir d'apprendre, qui l'avaient en-
flammé dès l'enfance, chaque jour le rendait plus
instruit, chaque chef-d'œuvre qu'il voyait lui apprenait quelque chose. Le besoin de plaire acheva de
polir son caractère et son esprit : plus modeste à
mesure qu'il devenait plus savant, pensant toujours
à ce qui lui manquait, et jamais à ce qu'il avait
acquis, Sophronime, à vingt ans, fut le plus habile
et le plus aimable des hommes.

Résolu de se fixer dans une grande ville, il choisit
Milet, colonie grecque sur la côte d'Ionie. Il y
acheta une petite maison, des blocs de marbre, et
fit des statues pour vivre.

La réputation, trop lente quelquefois à suivre le
mérite, ne le fut pas pour Sophronime. Ses ouvrages
furent estimés : l'on ne parla bientôt plus que de
son talent. Le jeune Thébain, sans se laisser enivrer
des éloges, redoubla d'efforts pour les mériter.
Tranquille et solitaire dans son atelier, il consacrait
sa journée au travail; le soir il se reposait en lisant
Homère : ce plaisir utile élevait son ame, et four-
nissait à son génie les idées du lendemain. Satisfait

du jour passé, et prêt pour le jour à venir, il remerciait les dieux, et se livrait au sommeil.

Ce bonheur ne dura pas : le seul ennemi qui
puisse ôter le repos à la vertu ne laissa pas Sophronime en paix. Carite, fille d'Aristée, premier magistrat de Milet, vint avec son père visiter l'atelier
du jeune Thébain.

Carite effaçait toutes les beautés d'Ionie, et son
ame était encore plus belle que son visage. Aristée
son père, le plus riche des Milésiens, s'était consacré
tout entier à l'éducation de sa fille ; il n'eut pas de
peine à lui faire aimer la vertu : ses trésors prodi-
gués lui donnèrent tous les talens qui l'embellissent.
Carite, avec seize ans, un esprit fin, une ame tendre,
une figure charmante, pensait comme Platon, et
chantait comme Orphée.

Sophronime, en la voyant, sentit un trouble, une
émotion qui lui étaient inconnus. Il baissa les yeux,
il balbutia. Aristée, attribuant son embarras au respect, le rassura par des paroles pleines de bonté :
Montrez-nous, lui dit-il, votre plus belle statue : tout
le monde vante votre talent. Hélas ! répondit Sophronime, j'ai osé faire une Vénus dont j'étais content
jusqu'à ce jour ; mais je vois bien qu'il faut la re-
faire. En disant ces mots il découvrait sa Vénus, et
jetait un coup d'œil timide sur Carite. Celle-ci, qui

avait compris ses paroles, faisait semblant de s'occuper de la statue, et pensait au jeune sculpteur.

Aristée, après avoir admiré les ouvrages de Sophronime, sortit de l'atelier, et lui promit de venir
le revoir. Carite, en le quittant, le salua d'un air
gracieux : le pauvre Sophronime s'aperçut pour la
première fois, quand elle fut partie, qu'il restait
tout seul dans sa maison.

Ce soir-là il ne lut point Homère, il s'occupa de
Carite. Le lendemain, au lieu de travailler, il courut
toute la ville, dans l'espérance de revoir Carite. Il la
revit ; et, dès ce moment, plus de repos, plus d'é-
tude, les statues imparfaites restaient au fond de
l'atelier : Apollon, Diane, Jupiter, n'étaient plus
rien pour Sophronime. Toujours songeant à Carite,
il passait sa vie dans les cirques, dans les lieux pu-
blics, dans les promenades. Quand il ne l'avait pas
vue, il revenait penser à elle ; quand il l'avait aperçue, il revenait s'occuper des moyens de la revoir.

Enfin sa réputation, sa constance, son adresse,
lui ouvrirent la maison d'Aristée. Il s'entretint avec
Carite ; il n'en fut que plus amoureux. Comment
oser le lui dire ? comment un sculpteur sans fortune, sans parens, pouvait-il prétendre au premier
parti de la ville ? Tout, jusqu'à sa délicatesse, lui
défendait de parler. Carite était si riche, qu'il n'é-
tait pas permis à un homme pauvre de la trouver

belle. Sophronime savait tout cela : il était sûr de se
perdre en se déclarant, mais il fallait mourir ou se
déclarer. Il écrivit à Carite. Cette lettre si tendre, si
soumise, si respectueuse, fut confiée à un esclave
d'Aristée, à qui Sophronime donna tout ce qu'il
avait amassé du prix de ses statues. L'infidèle
esclave, au lieu de porter la lettre à Carite, courut la
livrer à son père.

Le vieux Aristée, indigné de l'audace, abusa pour
la première fois du droit que lui donnait sa charge :
il supposa des crimes à Sophronime, l'accusa lui-
même dans le conseil, et le fit bannir de la ville.

Le malheureux attendait chaque jour, en tremblant, la réponse de l'esclave : il reçut l'ordre de
quitter Milet. Il ne douta pas que Carite, offensée,
n'eût elle-même sollicité cette vengeance : J'ai mérité mon sort, s'écria-t-il, mais je ne puis me repentir de l'avoir mérité. O dieux! rendez-la heureuse, et rassemblez sur ma tête tous les maux qui
pourraient troubler sa vie. Sans murmurer de la
rigueur de ses juges, il s'achemina tristement vers le
port, et s'embarqua sur un vaisseau crétois.

Cependant le père de Carite crut devoir cacher à
sa fille le véritable motif qui avait fait bannir Sophronime. Carite s'en douta ; elle avait lu dans les
yeux du Thébain tout ce qu'elle n'aurait osé lire
dans sa lettre : elle donna quelques pleurs au sou-

venir d'un homme devenu malheureux pour l'avoir aimée. Mais Carité était bien jeune ; elle l'oublia bientôt : et Aristée, tranquille, ne songeait plus qu'à marier sa fille, lorsqu'un événement extraordinaire répandit la consternation dans Milet.

Des pirates de Lemnos surprirent un quartier de la ville. Avant que les citoyens armés fussent accourus pour les chasser ; ces barbares pillèrent le temple de Vénus, et enlevèrent jusqu'à la statue de cette déesse. Cette statue était le palladium de Milet ; à sa possession était attachée la félicité des Milésiens.

Le peuple, consterné, envoie des ambassadeurs à Delphes pour consulter Apollon. L'oracle répond que Milet ne sera en sûreté que lorsqu'une nouvelle statue de Vénus, aussi belle que la déesse même, aura remplacé celle que l'on a perdue.

Sur-le-champ les Milésiens font publier dans toute la Grèce que la plus belle fille de Milet et quatre talens d'or seront la récompense du sculpteur qui remplira les conditions de l'oracle. Plusieurs fameux artistes arrivent avec leurs ouvrages ; on les expose sur la place publique ; les magistrats, le peuple admirent : mais dès que la statue est posée sur l'autel, un pouvoir surnaturel la renverse. Les Milésiens, désespérés, regrettent alors Sophronime; ils demandent à grands cris que l'on s'occupe de le chercher.

Aristée lui-même est obligé de prendre des informations sur le vaisseau, crétois où le malheureux banni s'était embarqué. L'on rapproche les époques, les jours : l'on envoie jusqu'en Crète, et l'on apprend que ce vaisseau a péri avec tout son équipage à la hauteur de l'île de Naxos.

Les Milésiens, désolés, s'en prennent à leur magistrat, et de son peu de vigilance, cause de l'invasion des barbares, et de la mort de Sophronime, qu'il avait fait bannir injustement. Le peuple passe bientôt du murmure à la révolte : il court à la maison d'Aristée, il l'entoure, il la force. Les larmes de Carite, ses cris, ses prières ne peuvent sauver son père : Aristée est saisi, chargé de fers, et traîné dans un cachot. Le peuple décide qu'il n'en sortira que lorsque la statue de Vénus aura été remplacée.

Carite, au désespoir, veut aller elle-même à Athènes, à Corinthe, ou à Thèbes, chercher un artiste qui puisse délivrer son père. Elle prend d'abord des mesures pour adoucir sa prison : un esclave sûr doit veiller à tous ses besoins. Carite, tranquille de ce côté, équipe un vaisseau, le charge de trésors, et part.

Les premiers jours de sa navigation furent heu-

reux ; les vents semblaient la protéger. Tout à coup
un orage épouvantable détourne le vaisseau de sa
route, et force le pilote de se réfugier dans une anse
qui lui était inconnue.

A peine y est-il que l'orage cesse : le soleil revient ; et Carite, invitée par la beauté du temps, veut
descendre à terre pour se reposer quelques heures
de la fatigue de la mer. Elle est bientôt sur le rivage. Un doux sommeil, sur un lit de gazon, la dé-
lasse, et lui fait oublier pour un moment toutes ses
peines. Ce sommeil ne fut pas long : Carite s'éveille ;
et, voyant que ses esclaves dormaient encore, elle
ne veut pas les troubler. Seule avec ses chagrins,
elle se promène sur la rive ; et, désirant de connaître
ces lieux inhabités, elle franchit les rochers qui
mettent à l'abri des flots l'intérieur de l'île.

Elle aperçoit une vallée délicieuse, traversée par
deux petits ruisseaux, et couverte d'arbres frui-
tiers : elle s'arrête pour contempler ce beau spectacle. La nature était alors dans les plus beaux jours
du printemps : tous les arbres sont fleuris ; les gout-
tes d'eau de l'orage passé pendent encore à l'extré-
mité de chaque fleur ; et le soleil, en les frappant de
ses rayons, parsème les branches de pierres précieu-
ses. Les papillons, heureux de revoir le beau temps,
recommencent à voler sur les primevères : des lé-
gions d'abeilles bourdonnent au-dessus des arbres,

et n'osent pas encore toucher aux fleurs, de peur
de mouiller leurs ailes transparentes. Le rossignol et
la fauvette, revenus de leur frayeur, font retentir
l'écho de leur ramage, tandis que leurs femelles,
plus tendres, et ne songeant qu'à l'amour, voltigent
sur la prairie, essaient avec leur bec le foin encore
trop vert pour elles; et lorsqu'elles ont trouvé un
brin d'herbe sec et flexible, pleines de joie, elles
l'emportent à tire d'ailes au nid qu'elles ont commencé.

Carite admira ce spectacle, et soupira. Elle descendit dans le vallon; et, traversant la prairie, elle
aperçut une petite cabane entourée de noyers verts.
Un bosquet lui en dérobait l'entrée : elle pénètre
dans ce bosquet, elle entend le murmure d'un ruisseau qui serpentait à ses pieds. Bientôt les accens
d'une lyre se mêlent à ce bruit si doux; elle écoute :
une voix douce et tendre chante ces paroles :

J'ai payé cher ce court moment d'erreur
Où j'ai cru que l'amour suffisait pour lui plaire.
Je ressemble à ce téméraire
Dont la reine du ciel avait séduit le cœur :
Junon, plus barbare que sage,
Feignit jusques à lui d'abaisser ses appas;
Il crut la presser dans ses bras....
Le malheureux n'embrassait qu'un nuage.

Tel est mon triste sort, hélas!
Et je sens trop que ma peine cruelle
Doit survivre même au trépas :
Si l'ame est immortelle,
L'amour ne l'est-il pas ?

La voix n'avait pas achevé, que Carite, reconnaissant Sophronime, tombe évanouie. Au bruit qu'elle fait, il accourt, il la voit, il la prend dans ses bras, il la regarde encore, et ne peut croire à son bonheur : il la porte au bord du ruisseau ; de l'eau jetée sur son beau visage la fait bientôt revenir à elle. Sophronime était à genoux : Êtes-vous Carite, lui dit-il, ou bien une divinité? Je suis la fille d'Aristée, lui répondit-elle avec douceur ; mon père est en danger, vous seul pouvez le sauver. Ah! parlez, reprit Sophronime avec transport ; que faut-il faire ? ma vie est à lui comme à vous.

Carite alors lui raconta le service qu'il pouvait rendre à sa patrie et à son père. A mesure qu'elle parlait, la joie brillait dans les yeux de Sophronime : Rassurez-vous, lui dit-il d'un air fier ; j'ai dans ma cabane un ouvrage qui doit plaire à votre déesse comme à vos citoyens : il est à vous, Carite; mais j'exige que vous ne le voyiez que dans le temple de Milet.

La fille d'Aristée y consentit ; et Sophronime lui

raconta comment il s'était sauvé du naufrage, seul
avec ses outils de sculpture. Il avait trouvé dans
cette île déserte de l'eau, des fruits et du marbre.
Tranquille dans la cabane qu'il s'était construite, il
avait travaillé au chef-d'œuvre qui devait délivrer
Aristée. Venez, ajouta-t-il, venez voir l'asile où je
vivais en pensant à vous.

Carite suit Sophronime, et entre avec lui dans sa
chaumière : partout le nom de Carite était écrit ;
partout son chiffre et celui de Sophronime étaient
enlacés. Pardonnez, lui dit le sculpteur ; seul dans
cette île, j'osais tracer les sentimens de mon cœur ;
je n'avais pas peur d'être exilé. Ce mot fit venir quelques larmes dans les yeux de la tendre Carite : elle
regarda Sophronime ; et lui serrant presque la main :
Ah! lui dit-elle, ce n'est pas moi... Elle n'acheva
pas ; et considérant une statue couverte d'un voile
qui était sur une espèce d'autel : Hâtons - nous ,
ajouta-t-elle, d'aller trouver mes esclaves ; ils em-
porteront ce chef-d'œuvre que je ne dois voir qu'à
Milet ; vous viendrez avec moi ; et, quel que soit
l'événement, je sens que nous ne nous quitterons
plus.

Sophronime, transporté, osa baiser la main de
Carite, qui ne s'en fâcha pas. Ils allaient prendre le
chemin du rivage , quand ils furent joints par les esclaves et les matelots qui, alarmés de l'absence de

leur maîtresse, parcouraient l'île en la cherchant.
Carite leur ordonna de porter avec précaution sur le
vaisseau la statue voilée : on lui obéit. Sophronime
ne quitta pas sa cabane sans remercier avec des larmes les divinités champêtres qui l'avaient protégé
dans cet asile. Il posa sur l'autel où avait été la statue tous ses outils, et les consacra au dieu Pan ; ensuite baisant respectueusement le seuil de la porte :
Je reviendrai, s'écria-t-il, mourir ici, si je ne peux
vivre pour Carite. Après ces adieux, ils gagnèrent le
vaisseau, et reprirent la route de Milet.

La traversée ne fut pas longue, heureusement
pour Carite, qui voulait que Sophronime eût délivré
son père avant de lui avouer sa tendresse. Si le
voyage eût duré plus long-temps, peut-être le sculpteur eût-il été récompensé, par cet aveu, avant
d'avoir mérité de l'être. Mais la sagesse de Carite, le
respect de Sophronime, et surtout le vent favorable,
firent arriver les deux amans comme ils étaient par-
tis de l'île déserte.

Le nom de Sophronime répandit la joie dans
Milet. Le peuple, qui l'aimait, s'assemble, et décide
que la statue n'a pas besoin d'être examinée par les
citoyens, et qu'elle doit sur-le-champ subir l'épreuve
de l'autel de Vénus. On se rend au temple ; une foule
immense le remplit : Carite suivait en tremblant So-

phronime, qui s'avançait avec la statue couverte d'un voile. Il la pose sur l'autel d'un air modeste, mais non timide : la statue reste debout. Alors il la découvre; et tout le monde reconnaît les traits de Carite. C'était elle, c'était sa maîtresse que l'amoureux sculpteur avait prise pour modèle de sa Vénus Le portrait de Carite était si bien dans son cœur, que, loin d'elle, dans son île, il avait pu se passer d'original ; et, en la faisant ressemblante, il avait rempli les conditions de l'oracle , qui exigeait une statue aussi belle que Vénus même.

La déesse, satisfaite et non jalouse, accepte l'offrande, et manifeste, par la bouche de son grand-prêtre, que l'oracle est accompli. Le peuple pousse des cris de joie; il environne Sophronime, il lui demande avec transport de choisir sa récompense. Délivrez Aristée, répondit-il, et je suis trop payé. On vole à la prison du vieillard. Carite veut être la première à briser les fers de son père ; elle l'embrasse, elle l'instruit de son bonheur , et baisse les yeux toutes les fois qu'elle prononce le nom de Sophronime. Aristée, reconnaissant, demande son libérateur ; il se jette dans ses bras, il le baigne de ses larmes : Mon ami, lui dit-il, je fus bien coupable ; mais Carite doit réparer mon crime. En disant ces mots, il joint dans ses mains celles des deux amans.

Tout le peuple applaudit ; tous sont heureux de leur bonheur : et Sophronime et Carite vont se jurer une éternelle fidélité au pied de cette statue, preuve certaine de la beauté de Carite et de l'amour de son époux.

SANCHE.

NOUVELLE PORTUGAISE.

Les Portugais avaient bien leur mérite quand ils doublaient le cap des Tourmentes, qu'ils découvraient le Brésil, soumettaient les rois de l'Inde, défendaient Dieu, et gardaient leurs conquêtes malgré l'Europe jalouse. Ils ont eu des Gama, des Albuquerque, des Almeyde, des Silveira, et un Camoëns. Tant de gloire n'a pas duré : leurs héros sont morts en prison, leur Virgile à l'hôpital ; leurs découvertes ont passé à des républicains marchands. Le Portugal a vu détruire sa puissance presque aussi rapidement qu'elle s'était formée. Il ne lui reste plus, de tant de prospérités, que les diamans du Brésil, quelques villes dans l'Asie, le souvenir de tant d'exploits, un poëme épique, et un inquisiteur à Goa.

Ce qui vaut peut-être mieux que tout cela, c'est le caractère de tendresse qui a toujours distingué les Portugais. Ils semblent nés pour l'amour ; c'est la grande affaire de leur vie : les plus grands sacrifices ne leur coûtent rien dès qu'il s'agit de cette passion.

Chaque peuple a ses qualités : et la France, l'Espagne et le Portugal ont de quoi fournir aux dames les trois choses les plus nécessaires au bonheur ; car les époux français sont assurément les plus aimables, les amis espagnols les plus sûrs, et les amans portugais les plus tendres. Le petit conte suivant, dont je garantis la vérité, prouvera ce que j'avance.

Du temps qu'Aliaton régnait en Portugal, Sanche de Guimaraëns était le plus terrible et le plus aimable des guerriers. Dès sa plus tendre jeunesse, la gloire avait été le besoin le plus pressant de son cœur : son ame de feu n'était jamais assez remplie. Il avait beau parcourir rapidement les Espagnes, vaincre des géans, forcer des châteaux, délivrer des belles, l'inquiet guerrier se plaignait de n'être pas assez occupé ; l'amour ne tarde guère à venir au secours de ces bouillans désœuvrés.

Un jour qu'il traversait la forêt de Tomar, fameuse par mille détours où les voyageurs s'égarent, Sanche atteignit un chevalier qui faisait la même route que lui, mais qui la faisait plus doucement. Notre héros n'allait si vite que parce qu'il s'ennuyait. Charmé de trouver un compagnon de voyage, il ralentit sa course, et salua le chevalier. Celui-ci lui rendit son salut en détournant son cheval pour le laisser passer. Sanche lui demanda

s'il n'allait pas à Lisbonne. Non, lui répondit l'inconnu. En suis-je encore loin? reprit Sanche. Oui,
lui dit le chevalier. Et l'entretien aurait fini, si
notre paladin n'avait brûlé de le continuer, précisément parce que l'autre paraissait ne pas s'en
soucier.

Après plusieurs questions inutiles, Sanche prit le
parti de louer l'inconnu sur la beauté de ses armes
et de son cheval. Celui-ci le remercia très-modes-
tement, et surtout très-laconiquement. Sanche était
au désespoir; il donnait cent coups d'éperon à son
coursier, pour que l'inconnu en demandât au moins
la raison. Le pauvre cheval faisait des bonds inutiles: le tranquille voyageur allait au pas sans seulement tourner la tête de son côté. Les deux guerriers firent ainsi une lieue, qui fatigua davantage
Sanche et son cheval que dix journées de route.

Enfin notre héros ne put y tenir; et s'adressant
au taciturne chevalier : Seigneur, lui dit-il d'une
voix très-animée, la froideur avec laquelle vous
me traitez prouve clairement que vous avez peu
d'estime pour moi. Je ne puis souffrir un pareil
mépris; et puisque vous ne me trouvez pas digne
de causer avec vous, vous me ferez au moins la
grace de rompre une lance. Je ne puis vous mépriser, lui répondit l'inconnu sans s'émouvoir,
puisque je ne vous connais pas : les longues con-

versations me fatiguent; mais un défi ne me déplait jamais. Dépêchons-nous seulement ; car la nuit vient, et je veux aller coucher loin d'ici. Je suis fâché de vous retarder, dit Sanche d'un ton piqué : aussitôt , mettant la lance en arrêt, il vole pour prendre du champ, et revient comme un tonnerre sur le tranquille inconnu. Les lances des deux guerriers se brisent ; leurs cimeterres brillent, et mille coups redoublés font jaillir le feu de leurs armes.

Sanche était jaloux de la beauté des siennes. Sa cuirasse, de l'acier le plus poli, était parsémée de clous d'argent : son casque était surmonté d'un coq d'or qui soutenait un panache superbe ; ce même coq était sur son bouclier, avec ces mots : GUERRE ET AMOUR. Les coups d'épée de l'inconnu avaient déjà défiguré le beau casque de Sanche. Furieux de voir sa parure brisée, il abandonne les rênes de son cheval; et, prenant son épée à deux mains, il la fait tomber sur la tête de son ennemi de tout son poids et de toute sa rage. Le coup fut terrible; mais il glissa sur l'acier, et ne brisa que le morion. Le casque se détache et roule sur la poussière. De longs cheveux blonds tombent sur les épaules du guerrier désarmé; de grands yeux bleus, dont les longues paupières s'étaient baissées par la force du coup, se relèvent sur Sanche, et reprennent la victoire dont il se félicitait déjà.

Notre héros tremblant laisse échapper son épée :
il descend de cheval; et, jetant loin de lui son
casque, ce vainqueur interdit est à genoux devant
celle qu'il vient de vaincre.

Sanche était beau : le feu du courage qui brillait
dans ses yeux, cette émotion que lui causaient et
le plaisir d'avoir vaincu, et la crainte d'avoir blessé,
son attitude, sa surprise, tout l'embellissait encore.
La guerrière le regarde, et rougit : elle se pressa
de sourire, pour que Sanche ne vît pas sa rougeur;
et lui tendant la main avec grace : Levez-vous,
chevalier, lui dit-elle, vous êtes vainqueur; c'est à
moi de vous demander la vie. Hélas! répondit
Sanche, je sens trop que la mienne va dépendre de
vous. En disant ses mots, il lui rendit son casque;
et remontant à cheval, ils poursuivirent leur route
sans se parler, mais en pensant tous les deux que
c'était la dernière fois qu'ils se battaient.

Cette belle guerrière était la fille du roi de Galice,
la princesse Elvire. Aucun paladin ne la surpassait en
courage; aucune belle ne l'égalait en beauté. Son
cœur n'avait encore rien aimé, mais ce cœur sensible ne devait aimer qu'une fois.

Le beau visage de Sanche, le respect, l'amour
qu'elle avait lus dans ses yeux, occupaient Elvire.
Pour la première fois elle désira de plaire; et,
sous prétexte que son casque brisé la gênait, elle le

pendit à l'arçon de sa selle pour se laisser voir à l'amoureux Sanche. Notre héros, qui, quelques instans auparavant, ne s'était battu avec elle que pour la faire parler, maintenant timide, embarrassé, la regarde et baisse la vue : mille questions, mille pensées se présentent en foule ; elles expirent sur ses lèvres. Ses yeux cherchent les yeux d'Elvire ; mais dès qu'ils les ont rencontrés, ils se baissent avec frayeur. Ah! que le chemin parut court à Sanche, et même à Elvire! Le soleil était couché depuis long-temps ; la nuit allait leur dérober le plaisir de se voir, quand ils arrivèrent à un superbe château.

L'on était alors au fort de l'été : le soleil avait brillé sans nuage depuis son lever. Ce jour, le plus beau des jours de Sanche, avait été beau pour toute la nature. Mille vapeurs, que la terre brûlante avait exhalées, s'enflammaient et voltigeaient sur l'horizon. On entendait dans le lointain le bruit sourd de quelques coups de tonnerre. Les arbres s'agitaient doucement et par degrés, depuis leur racine jusqu'à leur sommet : leurs rameaux, en se pressant les uns contre les autres, semblaient se plaindre du sort qui les menaçait. Le ciel, devenu sombre, perdait à chaque instant quelque étoile; sa voûte noircie se sillonnait de traits enflammés ; tout annonçait un affreux orage, et nos voyageurs n'y pensaient pas.

Un coup de tonnerre leur fit apercevoir le châ-

teau. Sanche propose d'y chercher un asile ; Elvire
y consent : mais le pont est levé, et des fossés larges
et profonds défendent l'entrée. Notre héros sonne
du cor. Aussitôt l'on voit paraître au haut d'une
tour, et à la clarté du flambeau le plus brillant,
non pas un nain difforme tel que ceux qui servaient
de pages aux seigneurs de ce temps-là, mais un enfant, le plus beau des enfans. D'une main il tenait
ce flambeau dont la clarté est si vive ; de l'autre il
portait un petit arc. Chevaliers, leur cria-t-il, je
suis le maître de ce château, et seul je suffis pour
en défendre l'entrée. C'est en vain que tous les rois des
Espagnes voudraient s'en rendre maîtres ; avec cet
arc je viendrais à bout de tous les paladins de l'u-
nivers. Il est cependant un moyen, ajouta-t-il en
souriant, de trouver un asile chez moi : deux amans
qui font à ma porte le serment de s'aimer toujours
sont sûrs de devenir mes hôtes ; c'est à vous de voir
si vous voulez entrer.

A ces mots Sanche regarde Elvire, qui, sans répondre, tourne bride, et reprend au petit pas le
chemin qu'elle vient de parcourir. Notre héros remercie l'enfant, et suit tristement sa maîtresse.

Cependant le tonnerre gronde, les éclairs brillent, les vents sifflent, et les nuages répandent des
torrens. La fière Elvire descend de cheval, s'assied
près d'un arbre, et, malgré la foudre et la tempête,

elle s'endort, ou fait semblant de dormir. Sanche,
debout près d'elle, ne songe pas à prendre du repos : il regarde tristement ce beau château où ils
auraient pu être à couvert; et sans oser murmurer
de passer la nuit dans les bois, il s'occupe des moyens
de ramener quelque jour Elvire à frapper à la porte
du beau château.

Tandis qu'ils se livraient tous deux à leurs rê-
veries, et peut-être aux mêmes idées, le bruit d'un
cor se fait entendre. Elvire est à l'instant sur pied :
ils regardent, ils voient, à la lueur des éclairs, un
chevalier qui sonnait de toute sa force. Bientôt le
même enfant paraît sur la tour, et dit au chevalier
les mêmes choses qu'il avait dites à Sanche. Ouvrez,
ouvrez, répond une jeune dame que le paladin avait
en croupe, ouvrez bien vite : je suis Xarife; voici
mon cher Abindarraès; nous nous sommes juré depuis long-temps un amour éternel. Aussitôt les flèches du pont s'abattent; Xarife et son amant passent,
le pont se relève. Sanche, retombé dans la nuit,
soupire. Elvire n'ose soupirer : elle se rassied au
pied de l'arbre, et la pluie tombe plus fort que jamais.

Nos deux amans attendaient le jour en silence;
il vint enfin, et la pluie cessa. A peine l'aurore avait
teint l'horizon, qu'Elvire était à cheval, et Sanche
la suivait. Comme il passait devant le château de
l'Amour, l'heureux Abindarraès et la tendre Xarife

en sortaient pour continer leur route. Ces deux
amans, tous deux à la fleur de l'âge, beaux, frais,
et charmés du gîte qu'ils avaient trouvé, saluèrent
en souriant Elvire et Sanche, qui tout mouillés,
pâles et défaits, leur rendirent gravement le salut.
Je me reproche, dit Elvire d'un ton piqué, de
n'avoir pas employé la force pour obtenir un asile
dans ce château. Si nous y revenons, reprit Sanche,
je vous promets de ne rien épargner pour vous y
faire recevoir.

En effet, le guerrier ne s'occupait que de ramener
Elvire au beau château; mais il craignait de n'en
plus trouver le chemin. Les détours de la forêt de
Tomar en faisaient presque un labyrinthe. Sanche
eût voulu pouvoir laisser sur le chemin quelque
chose de reconnaissable pour lui seul; mais un chevalier qui n'a que ses armes n'a rien à laisser sur les
chemins. L'amour lui inspira une idée qui pensa lui
coûter bien cher.

Il imagina de dévisser tous les clous d'argent qui
tenaient les pièces de son armure. A mesure qu'il
les ôtait, il les semait sur la route. Elvire ne s'en
apercevait pas; et voulant rompre un silence qui la
gênait, elle lui demanda son histoire. Sanche la lui
raconta avec cette sensibilité et ce charme que les
amans mettent à tous les récits faits à leur belle. Il
parla peu de ses exploits, point du tout des mai-

tresses qu'il avait eues, et beaucoup du bonheur d'avoir rencontré Elvire.

Cette belle guerrière lui apprit à son tour et sa naissance et la raison qui l'obligeait à mener une vie errante. Elle avait quitté la cour du roi son père pour se dérober aux poursuites d'un chevalier fameux par sa férocité. Le redoutable Rostubalde, fils de Ferragus, fier de sa naissance, de sa taille gigantesque, et d'une force peu commune, avait osé demander Elvire à son père. Le roi de Galice, trop timide pour mécontenter Rostubalde, lui avait promis sa fille; et la jeune princesse, n'écoutant que son aversion pour le barbare, fuyait tous les lieux où elle pouvait rencontrer son terrible amant.

Le récit de la belle guerrière enflamma de plus en plus le jeune Sanche. Quand on commence d'aimer, on craint si fort que le cœur qu'on veut conquérir ne soit à quelqu'un! on demande en tremblant tout ce qui peut éclairer sur ce doute; et, le doute éclairci, l'amour et l'espoir sont doublés. Sanche écoutait Elvire avec transport; Elvire se plaisait à lui redire les mêmes choses; et n'osant avouer qu'elle l'aimait, elle s'en dédommageait en répétant qu'elle détestait Rostubalde.

Pendant cette douce conversation notre paladin avait achevé de détacher toutes les vis de son armure. Ses brassards, sa cuirasse, ne tiennent plus

à rien : mais que lui importe? il ne pense qu'à Elvire, il ne voit qu'elle; il n'est occupé que de l'engager à reprendre la route du beau château.

Comme ils tournaient dans une route, ils virent
venir de loin un chevalier monté sur un superbe
coursier. Ce chevalier ne les eut pas plus tôt aperçus,
qu'il vole au grand galop vers eux. Elvire l'envisage
et jette un cri : c'était Rostubalde. Deux rivaux se
reconnaissent sans s'être jamais vus. Le farouche
Rostubalde lance un coup d'œil terrible à Elvire,
et vient l'épée haute sur Sanche : il frappe, il est
frappé. Le coup de Sanche fait chanceler Rostubalde; mais ses armes résistent; celles de Sanche,
au contraire, ne tiennent à rien : il en a ôté lui-
même les vis : l'épée du barbare ouvre sans résistance, et sa pointe cruelle fait une blessure épouvantable à la poitrine du téméraire amant. Il tombe
baigné dans son sang; ses yeux mourans se tournent
vers Elvire, et ce n'est pas pour demander vengeance. Le féroce vainqueur l'insulte : Faible rival,
lui dit-il, tu comptais sur le courage de ta maîtresse : tu t'es cru dispensé de la savoir défendre :
meurs; mais avant de mourir vois-la passer dans
mes bras.

En disant ces mots il descend de cheval, et
s'avance vers Elvire. Le désespoir, l'amour, la rage,
étaient dans les yeux et dans le cœur de la guerrière.

N'approche pas, lui cria-t-elle, et défends-toi. Elle s'élance à terre; elle fait tomber mille coups d'épée sur le farouche Rostubalde. Celui-ci les pare, et craint de les rendre à la belle Elvire; mais la belle Elvire n'était plus une femme, c'était Mars en fureur qui brise tout ce qui s'oppose à sa rage. Les armes de Rostubalde volent par éclats; son sang rougit sa cuirasse; il ne sait encore s'il doit fuir devant la guerrière, ou la traiter en ennemi. A la fin, la douleur et la nécessité l'emportent : Rostubalde n'écoute plus rien; il attaque à son tour Elvire, il lui rend tous les coups qu'il reçoit, et les deux champions semblent acharnés à ne cesser de combattre qu'en cessant de vivre.

La justice et l'amour l'emportèrent. Rostubalde; déjà étourdi par le coup de Sanche et par ceux d'Elvire, ne peut plus résister à la vaillante amazone: il chancèle au moment où elle allait chanceler. Elvire s'en aperçoit, et ses forces redoublent : elle le presse : il tombe à genoux, il demande grace. Non, traître, répond-elle en lui plongeant son épée dans le sein. Elle court vers Sanche; Sanche était sans connaissance : elle se met à genoux près de lui; ses larmes tombent sur sa blessure, et ce baume ne la guérit pas. Le malheureux Sanche, les yeux fermés, la bouche à demi ouverte, ne respire presque plus; son sang s'écoule à gros bouillons. Elvire l'arrête;

l'étanche; elle déchire les voiles qui la couvraient
sous ses armes, pour bander la plaie de son amant;
elle soulève sa tête, elle met la main sur son cœur
pour voir s'il palpitait encore. Rien ne la rassure;
elle craint que Sanche n'ait rendu le dernier soupir;
elle approche sa bouche de la sienne; et, en voulant
s'assurer s'il ne respire plus, ses lèvres touchent
celles du moribond. Ah! Sanche, ce baiser vous sauva
la vie; tout ce qui vous restait de sentiment se ré-
veilla pour ce baiser. Sanche ouvre les yeux. Elvire,
transportée, court chercher de l'eau dans son casque:
Mon ami, lui dit-elle, vivez pour moi, vivez pour
mon bonheur. Ces paroles le raniment; il regarde
Elvire, presse sa main, et ses yeux lui disent tout
ce que sa bouche ne peut prononcer.

Elvire alors veut aller appeler du secours pour
faire porter son amant au plus prochain village.
Non, non, lui dit Sanche d'une voix faible et
tendre; non, retournons plutôt au château de cet
enfant. Elvire rougit, et avoue qu'elle n'est pas bien
sûre du chemin. Je l'ai prévu, répond le blessé:
mais les clous brillans de mes armes vous guideront
jusqu'au château: je les ai semés sur la route pour
pouvoir vous y reconduire. Je n'espérais pas que ce
fût si tôt.

Elvire, qui comprit alors la cause de la prompte
défaite de Sanche, versa des larmes d'attendrisse-

ment et d'amour. Sans lui répondre, elle coupe plusieurs branches, elle fait un brancard ; elle l'attache
au cheval de Sanche et à celui de Rostubalde, et,
posant dessus le malheureux blessé, elle conduit ce
convoi si cher à son cœur en suivant la trace des
clous d'argent.

A peine est-elle arrivée, que l'enfant paraît sur la
tour. Elvire ne lui donne pas le temps de parler :
Ouvrez, dit-elle, nous nous aimons pour toujours.
Au mot TOUJOURS, les portes s'ouvrent. Le cœur du
pauvre Sanche palpitait en passant sur le pont. Les
soins que l'on prit de lui dans le château, et ceux
que lui prodiguait Elvire, lui rendirent bientôt la
santé. Après un mois de convalescence, ils remer-
cièrent le bel enfant, et coururent à la cour du père
d'Elvire, qui les unit l'un à l'autre.

BATHMENDI.

NOUVELLE PERSANE.

———◆◦◦◦◆———

LES MILLE ET UNE NUITS m'ont toujours paru des
contes charmans; mais je les aimerais encore davantage, s'ils avaient plus souvent un but moral. Je
sais bien que Schéhérazade est trop belle pour se
soucier d'être raisonnable; je n'ignore pas qu'avec
un aussi joli visage on peut se passer du sens commun, et que le sultan n'en serait peut-être pas si
amoureux, si elle était un peu moins folle : je crois
et respecte ces grandes vérités; et je me borne à répéter que, pour mon goût, qui est peut-être fort
mauvais, et à coup sûr très-peu important, j'aimerais à lire des contes qui, en m'amusant, me fissent
un peu réfléchir. L'extravagance est admirable,
sans doute, mais il faut des ombres dans un tableau;
et je voudrais que la raison se montrât de temps en
temps pour mieux faire sortir la folie.

J'avais un oncle qui pensait ainsi. Mon oncle avait
beaucoup voyagé dans le Levant, et s'était amusé,
pendant ses voyages, à faire des contes persans.

Ces contes sont bien au-dessous des Mille et une
Nuits pour l'imagination ; mais ils l'emportent infiniment par le nombre, car mon oncle a fait dans sa
vie quatre mille sept cent quatre-vingt-dix-huit
contes, parmi lesquels j'ai fait un choix : et je n'ai
gardé que celui-ci.

Sous le règne d'un roi de Perse dont mon oncle
ne dit pas le nom, un marchand de Balsora fut
ruiné par de mauvaises entreprises. Il recueillit les
débris de sa fortune, et se retira au fond de la province de Kousistan. Là, il acheta une petite maison
de campagne et un champ qu'il laboura fort mal,
parce qu'il regrettait toujours le temps où il ne la-
bourait point. Le chagrin abrégea les jours de ce
marchand ; il se sentit près de sa fin ; et, appelant
auprès de lui quatre fils qu'il avait, il leur dit ces
paroles : Mes enfans, je n'ai d'autre bien à vous
laisser que cette maison et la connaissance d'un secret que je n'ai dû vous révéler qu'à présent. Dans
le temps de mon opulence, j'avais pour ami le génie
Alzim : il me promit d'avoir soin de vous après
moi, et de vous partager un trésor. Ce génie habite
à quelques milles d'ici, dans la grande forêt de
Kom. Allez le trouver : demandez-lui ce trésor : mais
gardez-vous bien de croire.... La mort ne lui permit
pas d'achever.

Les quatre fils du marchand, après avoir pleuré
et enterré leur père, gagnèrent la forêt de Kóm. Ils
s'informèrent de la demeure du génie Alzim; on la
leur indiqua facilement. Alzim était connu de tout
le pays; il accueillait avec bonté tous ceux qui venaient le voir; il écoutait leurs plaintes, les consc-
lait, leur prêtait de l'argent quand ils en avaient
besoin. Mais ces bienfaits étaient à une condition; il
fallait suivre aveuglément le conseil qu'il donnait :
c'était sa manie. L'on n'était reçu dans son palais
qu'après en avoir fait le serment.

Ce serment n'effraya point les trois fils aînés du
marchand; le quatrième, qui se nommait Taï,
trouva cette cérémonie fort ridicule. Cependant il
fallait entrer et aller recevoir le trésor; il jura
comme ses trois frères; mais réfléchissant aux dan-
gereuses conséquences de cet indiscret serment, se
souvenant que son père, qui visitait souvent ce palais, avait passé sa vie à faire des sottises, il voulut,
sans être parjure, se mettre à l'abri de tout danger;
et tandis qu'on le conduisait vers le génie, il boucha
ses oreilles avec de la cire odoriférante. Muni de
cette précaution, il se prosterna devant le trône
d'Alzim.

Alzim fit relever les quatre fils de son ancien ami,
les embrassa, leur parla de leur père, donna des
larmes à sa mémoire, et fit apporter un grand coffre

rempli de dariques. Voici, dit-il, le trésor que je
vous ai destiné : je vais vous le partager, et ensuite
je dirai à chacun de vous la route qu'il doit prendre
pour être parfaitement heureux.

Taï n'entendit pas ce que disait le génie; mais il
l'observait avec attention, et voyait dans ses yeux
et sur son visage un air de finesse et de malignité
qui lui donnait beaucoup à penser. Cependant il
reçut avec reconnaissance la part du trésor qui lui
revenait. Alzim, après les avoir ainsi enrichis, prit
un ton affectueux, et leur dit : Mes chers enfans,
votre bonne ou votre mauvaise destinée tient à ce
que vous rencontriez plus tôt ou plus tard un certain
être nommé Bathmendi, dont tout le monde parle,
et que bien peu de gens connaissent. Les malheureux
humains le cherchent tous à tâtons; moi, qui vous
aime, je vais dire à l'oreille de chacun de vous où il
pourra le trouver. A ces mots, Alzim prend en particulier Békir, l'aîné des quatre frères : Mon fils,
lui dit-il, tu es né avec du courage et de grands ta-
talens pour la guerre : le roi de Perse vient d'envoyer une armée contre le Turc; joins cette armée :
c'est dans le camp des Perses que tu pourras trouver
Bathmendi. Békir remercie le génie, et brûle déjà
de partir.

Alzim fait signe au second fils d'approcher; c'était
Mesrou : Tu as de l'esprit, lui dit-il, de l'adresse,

et de grandes dispositions pour mentir; prends le chemin d'Ispahan : c'est à la cour que tu dois chercher Bathmendi.

Il appelle le troisième frère, qui s'appelait Sadder : Toi, lui dit-il, tu fus doué d'une imagination vive et féconde : tu vois les objets, non comme ils sont, mais comme tu veux qu'ils soient; tu as souvent du génie, et pas toujours le sens commun : tu seras poète. Prends le chemin d'Agra : c'est parmi les beaux esprits et les belles dames de cette ville que tu pourras trouver Bathmendi.

Taï s'avance à son tour; et, grace aux boules de cire, il n'entendit pas un mot de ce que lui disait Alzim. On a su depuis qu'il lui avait conseillé de se faire derviche.

Les quatre frères, après avoir remercié le bienfaisant génie, retournèrent dans leur demeure. Les trois aînés ne rêvaient qu'à Bathmendi. Taï déboucha ses oreilles, et les entendit arranger leur départ et proposer de vendre au premier offrant leur petite maison, pour s'en partager le prix. Taï demanda d'être l'acquéreur; il fit estimer la maison et le champ, paya de son or la portion qui en revenait à chacun de ses frères, leur souhaita mille prospérités, les embrassa tendrement, et resta tout seul dans la maison paternelle.

Ce fut alors qu'il s'occupa d'exécuter un projet

auquel il pensait depuis long-temps. Il était amoureux de la jeune Amine, fille d'un laboureur son
voisin. Amine était belle et sage : elle avait soin du
ménage de son père, soulageait sa vieillesse, et ne
demandait à Dieu que deux choses : la première,
que son père vécût long-temps ; la seconde, de devenir la femme de Taï. Ses souhaits furent exaucés.
Taï la demanda, et l'obtint. Le père d'Amine vint
demeurer chez son gendre, et lui apprit l'art de
faire rendre à la terre tout ce qu'elle peut donner à
ses cultivateurs. Taï avait encore un peu d'or du
reste de sa portion ; on l'employa à agrandir le
champ, à acheter un troupeau. Le champ doubla de
valeur ; la toison des brebis se vendit ; l'abondance
régna dans la maison de Taï ; et comme il était laborieux et sa femme économe, chaque année aug-
menta leur revenu. Amine avait un enfant tous les
dix mois. Les enfans, qui ruinent les riches oisifs
des villes, enrichissent les laboureurs. Au bout de
six ans, Taï, père de sept enfans les plus jolis du
monde, époux d'une femme bonne et vertueuse,
gendre d'un vieillard encore vert et aimable, maître
de plusieurs esclaves, et possesseur de deux troupeaux, était le plus heureux et le plus aisé fermier
du Kousistan.

Cependant ses trois frères couraient après Bathmendi. Békir était arrivé au camp des Perses : il se

présenté au grand visir et demande à servir dans le corps que l'on expose le plus. Sa figure, sa bonne volonté plaisent au visir, qui l'admet dans une troupe de cavalerie. Peu de jours après la bataille se donna : elle fut sanglante : Békir y fit des prodiges, sauva la vie à son général, et prit de sa main celui des ennemis. Tout retentit des louanges de Békir : tous les soldats l'appelèrent le héros de la Perse; et le visir reconnaissant éleva son libérateur au grade d'officier général. Alzim avait raison, disait tout bas Békir; c'est ici que la fortune m'attendait; tout m'annonce que je vais rencontrer Bathmendi.

La gloire de Békir, et surtout son élévation, excitèrent l'envie et les murmures de tous les satrapes. Les uns venaient lui demander des nouvelles de son père, en se plaignant d'avoir été compris dans sa banqueroute; les autres prétendaient avoir eu pour esclave madame sa mère : tous refusaient de servir sous lui, parce qu'ils étaient ses anciens. Békir, malheureux par ses succès mêmes, vivait seul, toujours sur ses gardes, toujours au moment de recevoir un outrage, qu'il aurait bien su venger, mais qu'il ne pouvait prévenir. Il regrettait le temps où il n'était que simple soldat, et attendait avec impatience la fin de la guerre, quand les Turcs, renforcés par de nouvelles troupes, et guidés par un

nouveau général, vinrent attaquer la division que
commandait Békir.

C'était l'occasion qu'attendaient depuis long-
temps les satrapes de l'armée. Ils employèrent cent
fois plus d'habileté à faire battre leur chef qu'ils n'en
avaient montré pendant tout le cours de leur vie
pour n'être pas battus eux-mêmes. Békir se défendait comme un lion ; mais il n'était ni obéi ni se-
condé. Les soldats persans voulaient en vain résister,
leurs officiers les retenaient, et ne les guidaient que
dans la fuite. Le brave Békir, abandonné, couvert
de blessures, accablé sous le nombre, fut pris par
les janissaires. Le général turc eut l'indignité de le
faire charger de fers aussitôt qu'il put les porter, et
l'envoya à Constantinople, où il fut jeté dans un affreux cachot. Hélas! s'écriait-il dans sa prison, je
commence à croire qu'Alzim m'a trompé; car je ne
puis espérer de rencontrer ici Bathmendi.

La guerre dura quinze ans, et les satrapes empêchèrent toujours l'échange de Békir. Sa prison ne
fut ouverte qu'à la paix : il courut bien vite à Ispahan
chercher le visir son protecteur, à qui il avait sauvé
la vie. Il fut trois semaines sans pouvoir lui parler :
au bout de ce temps, il obtint une audience.
Quinze ans de prison changent un peu la figure
d'un beau jeune homme : Békir n'était plus recon-

naissable ; aussi le visir ne le reconnut pas. Cependant, à force de se rappeler les différentes époques,
de sa glorieuse vie, il se souvient que Békir lui avait
autrefois rendu un petit service. Oui, oui, mon ami,
lui dit-il, je vous remets, vous êtes un brave
homme ; mais l'État est bien obéré ; une longue
guerre et de grandes fêtes ont épuisé nos finances :
cependant revenez me voir, je tâcherai, je verrai....
Eh! monseigneur, je n'ai pas de pain ; et, depuis
quinze jours que j'attends le moment de parler à
votre grandeur, je serais mort de misère sans un
soldat de la garde, mon vieux camarade, qui a partagé avec moi sa paie. C'est fort bien à ce soldat,
répondit le visir : comment donc! cela est touchant ;
j'en rendrai compte au roi. Revenez me voir ; vous
savez que je vous aime.... En disant ces mots, il lui
tourna le dos. Békir revint le lendemain, et trouva
la porte fermée. Au désespoir, il sortit du palais et
de la ville, résolu de n'y entrer jamais.

Il se laissa tomber au pied d'un arbre, sur le
bord du fleuve Zenderou : là, il réfléchit à l'ingratitude des visirs, à tous les malheurs qu'il avait
éprouvés, à ceux qui le menaçaient encore ; et, ne
pouvant plus soutenir ces tristes idées, il se lève
pour se précipiter dans le fleuve.... Mais il se sent
embrasser par un mendiant qui baignait son visage

de pleurs, et s'écriait en sanglotant.. C'est mon frère, c'est mon frère Békir! Békir regarde; il reconnaît Mesrou.

Tout homme a du plaisir, sans doute, à retrouver un frère qu'il a perdu depuis long-temps; mais un malheureux, sans ressource, sans ami, qui va finir ses jours de désespoir, croit voir un ange du ciel en retrouvant un frère qu'il aime. C'est le sentiment qu'éprouvèrent à la fois Békir et Mesrou : ils se pressent mutuellement contre leur poitrine; ils confondent leurs larmes; et, après les premiers momens donnés à la tendresse, ils se regardent avec des yeux surpris et affligés. Tu es donc aussi malheureux? s'écria Békir. Voici, lui répondit Mesrou, le premier instant de bonheur dont j'ai joui depuis que nous nous sommes quittés. A ces mots, les deux infortunés s'embrassent encore; ils s'appuient l'un contre l'autre, et Mesrou, assis près de Békir, commença ainsi son histoire :

Tu te souviens de ce jour fatal où nous allâmes chez Alzim. Ce perfide génie me dit que je pourrais trouver à la cour ce Bathmendi que nous désirions tant de rencontrer. Je suivis son funeste conseil, et j'arrivai bientôt à Ispahan. Je fis connaissance avec une jeune esclave qui appartenait à la maîtresse du premier secrétaire du grand visir. Cette esclave m'aima et me fit connaître à sa maîtresse, qui, me

trouvant plus jeune et mieux fait que son amant,
me logea chez elle, en me faisant passer pour son
petit frère. Bientôt le petit frère fut présenté au visir :
quelques jours après il obtint un emploi dans le
palais.

Je n'avais plus qu'à me laisser aller, et me souvenir surtout du chemin qui m'avait mené où j'étais.
Je ne quittai point ce chemin ; et, comme la sultane
mère était vieille, laide et toute-puissante, je ne
manquai pas de lui faire assidument ma cour. Elle
me distingua, et me prit dans une amitié aussi in-
time que l'avait été celle de l'esclave et de sa mai-
tresse. Dès ce moment, les honneurs, les richesses,
commencèrent à pleuvoir sur moi. La sultane me
faisait donner par le sophi tout l'argent du trésor,
toutes les dignités de l'État. Le monarque lui-même
me témoigna de l'affection ; il aimait à causer avec
moi, parce que je le flattais avec adresse, et que je
lui conseillais toujours ce qu'il avait envie de faire.
C'était le moyen de lui faire faire bientôt ce que je
voudrais ; cela ne manqua point d'arriver. Au bout
de trois ans, je me vis à la fois premier ministre,
favori du roi, amant de sa mère, maître de nommer
et de déplacer les visirs, décidant tout par mon
crédit, et recevant tous les matins les grands de
l'empire, qui venaient attendre mon réveil pour
obtenir un sourire de protection.

Au milieu de ma gloire et de ma fortune, je
m'étonnais de ne pas rencontrer ce Bathmendi que
je cherchais. Rien ne me manque, me disais-je :
pourquoi Bathmendi me manque-t-il? Cette idée et
la gêne affreuse où je passais ma vie empoisonnaient
tous mes plaisirs. Plus la sultane vieillissait, plus
elle devenait exigeante, et plus ma reconnaissance
devenait pénible : la tendresse qu'elle avait pour
moi faisait mon supplice. C'étaient des emportemens,
des éclats, des reproches d'ingratitude, et puis des
larmes, et puis des caresses cent fois pires que les
fureurs. D'un autre côté, ma place me donnait mille
courtisans ennuyeux, et cent mille ennemis puis-
sans. A chaque grace que j'accordais, une seule
bouche me remerciait à peine, et mille me maudis-
saient. Les généraux que je plaçais étaient battus,
et l'on s'en prenait à moi. Le bien que faisait le roi
n'appartenait qu'à lui ; mais tout le mal était à moi
seul. Le peuple me détestait, toute la cour m'abhor-
rait; cent libelles me déchiraient; mon maître me
boudait souvent, la sultane mère m'excédait toujours, et Bathmendi s'emblait s'être éloigné de moi
pour jamais.

La passion du roi pour une jeune Mingrélienne
est venue mettre le comble à mon infortune. Toute
la cour s'est tournée de ce côté, dans l'espérance
que la maîtresse chasserait le ministre. J'ai paré le

coup en me liant avec la Mingrélienne, et en flattant
l'amour du roi. Mais cet amour est devenu si violent, que le monarque, décidé à épouser sa mai-
tresse, m'a demandé mon avis. J'ai tergiversé quelques jours. La sultane mère, qui a craint de perdre
son crédit en voyant marier son fils, est venue me
déclarer que, si je ne rompais pas cet hymen, elle
me ferai assassiner le jour même de la cérémonie.
Une heure après, la Mingrélienne est venue me jurer
que, si je ne la faisais pas épouser par le roi dès le
lendemain, je serais étranglé le jour d'après. Ma position était embarrassante : il fallait choisir du poignard, du cordon ou de la fuite; j'ai pris ce dernier
parti. Je me suis déguisé comme tu vois, et me suis
échappé du palais avec quelques diamans dans mes
poches, qui me feront vivre avec toi dans un coin
de l'Indoustan, loin des sultanes mères, des Min-
gréliennes et de la cour.

Après ce récit, Békir raconta ses aventures à Mesrou. Ils convinrent tous deux qu'ils auraient aussi
bien fait de ne pas courir le monde, et que le plus
sage parti était de retourner dans le Kousistan, auprès de leur frère Taï, où les diamans de Mesrou
leur procureraient une vie douce et aisée. Après
cette résolution, ils se mirent en route, et marchèrent pendant plusieurs jours sans aventure.

Comme ils traversaient la province du Farsistan,

ils arrivèrent vers le soir à un petit village, où ils
comptaient passer la nuit. C'était un jour de fête.
En entrant dans le village, ils virent plusieurs enfans de paysans qui revenaient de la promenade,
conduits par une espèce de magister mal vêtu, marchant la tête basse, et ayant l'air de rêver tristement.
Les deux frères s'approchent de ce magister, le regardent, le considèrent. Quelle est leur surprise!
c'est Sadder, c'est leur frère Sadder qu'ils embrassent.

Hé quoi! mon ami, lui dit Békir, c'est ainsi qu'on
récompense le génie! Tu vois, lui répondit Sadder,
qu'on le traite à peu près comme la valeur. Mais la
philosophie y trouve un grand sujet de réflexions,
et cela console beaucoup. En parlant ainsi, il fit
rentrer tous ces enfans chez leurs pères, conduisit
Békir et Mesrou dans sa petite cabane, leur apprêta
lui-même un peu de riz pour leur souper; et, après
s'être fait raconter leurs histoires, il leur dit la
sienne en ces mots :

Le génie Alzim, que je soupçonne beaucoup
d'aimer le mal d'autrui, me conseilla de chercher
c et introuvable Bathmendi dans la grande ville
d'Agra, parmi les beaux esprits et les belles dames.
J'arrivai dans Agra; et, avant de me répandre dans
le monde, je voulus m'annoncer par un ouvrage d'é-
clat. Au bout d'un mois, mon ouvrage parut : c'était

un cours complet de toutes les sciences humaines, en un petit volume in-18 de soixante pages, divisé par chapitres. Chaque chapitre était un conte; et chaque conte apprenait parfaitement une science.

Mon livre eut un succès prodigieux. Quelques journaux le critiquèrent, et dirent qu'il y avait des longueurs; mais tout le beau monde l'acheta, et je me consolai des critiques. Mon livre et moi nous devînmes à la mode : on me rechercha, on m'invita dans toutes les sociétés qui se piquaient d'avoir un peu d'esprit : tout ce que je faisais était charmant; on ne parlait que de moi, on ne désirait que moi ; et la sultane favorite m'écrivit de sa main un billet sans orthographe pour me prier de venir à la cour.

Courage! me dis-je; Alzim ne m'a pas trompé; ma gloire est au comble; je m'y soutiendrai par des moyens plus sûrs que ceux de l'intrigue, je plairai, je séduirai, je trouverai Bathmendi.

Je fus parfaitement accueilli dans le palais du grand Mogol : la sultane favorite se déclara hautement ma protectrice, me présenta à l'empereur, me commanda des vers, me donna des pensions, m'admit à ses petits soupers, et me jura cent fois le jour une amitié à toute épreuve. De mon côté, je me livrai à la reconnaissance avec toute la vivacité de mon cœur; je me promis de consacrer mes jours à chanter, à célébrer ma bienfaitrice, et je fis un poëme en son honneur, où le soleil n'était qu'un faux brillant auprès de ses yeux, où l'ivoire, le corail, les perles du golfe Persique, n'avaient plus d'éclat auprès de son visage, de sa bouche, et de ses dents. Ces louanges fines et délicates achevèrent de m'assurer pour jamais son appui.

Je croyais toucher au moment de rencontrer Bathmendi, quand ma protectrice se brouilla avec le visir pour un gouvernement de province que celui-ci refusa au fils du confiseur de la favorite. La sultane, outrée de l'audace, demanda à l'empereur l'exil de l'insolent ministre; mais l'empereur aimait son visir, et refusa la favorite. Alors il fallut établir une intrigue en règle pour perdre le visir soutenu. Je fus du complot, et je reçus l'ordre de composer, contre le ministre, une satire sanglante, et de la répandre dans le public. La satire fut bientôt faite : cela n'est pas difficile; elle était même bonne, ce qui est encore aisé : elle fut lue avec avidité, ce qui est immanquable.

Le visir sut bientôt que j'en étais l'auteur : il va trouver la favorite, lui porte le brevet qu'il avait d'abord refusé, une ordonnance de cent mille dariques sur le trésor royal, et ne lui demande pour récompense que la permission de me faire mourir dans un cul de basse fosse. C'est une misère lui répondit la favorite, et je suis trop heureuse de pou-

voir faire quelque chose qui vous soit agréable. Je
vais, si vous voulez, envoyer chercher tout à l'heure
cet insolent, qui a osé vous insulter malgré mes dé-
fenses expresses, et je le remettrai dans vos mains.
Heureusement un esclave de la favorite, qui était
présent, vint me raconter cette conversation : je
n'eus que le temps de me sauver.

Depuis cette époque, j'ai parcouru tout l'Indous-
tant, gagnant à peine ma vie à écrire des romans, à
faire des vers, à travailler pour des libraires qui me fri-
ponnaient, et qui, plus difficiles pour mon talent que
pour leur conscience, me disaient encore que mon
style n'était pas assez pur. Tant que j'avais eu de
l'argent, mes ouvrages avaient été des chefs-d'œuvre ;
sitôt que je fus dans la misère, je ne fis plus que des
sottises. Enfin, dégoûté d'instruire l'univers, j'ai
mieux aimé apprendre à lire à des paysans ; et je me
suis fait magister dans ce petit village, où je mange
du pain noir, et où je n'espère pas voir arriver
Bathmendi.

Il ne tient qu'à toi de le quitter, lui dit Mesrou,
et de retourner avec nous dans le Kousistan, où
quelques diamans que j'emporte nous assurent une
existence douce et tranquille. Il n'eut pas de peine
à déterminer Sadder. Dès le lendemain, les trois
frères sortirent du village avant le jour, et prirent la
route du Kousistan.

Ils étaient à leur dernière journée, et près d'arriver à la petite maison de Taï. Cette idée les consolait ; mais leur espoir était mêlé de crainte. Trouverons-nous notre frère ? Nous l'avons laissé bien pauvre ; il n'aura pas rencontré Bathmendi, puisqu'il n'a pu le chercher. Mes chers amis, leur dit Sadder, j'ai beaucoup réfléchi à ce Bathmendi dont Alzim nous a parlé : franchement je crois que le Génie s'est moqué de nous. Bathmendi n'existe point, et n'a jamais existé : car, puisque mon frère Békir ne l'a pas rencontré dans le temps qu'il commandait la moitié de l'armée persane ; puisque Mesrou n'en a pas entendu parler lorsqu'il était le favori du grand roi ; puisque moi-même je n'ai pu deviner seulement ce que c'était dans le moment où j'étais comblé des faveurs de la gloire et de la fortune, il est clair que Bathmendi est un être imaginaire, une illusion, une chimère après laquelle tous les hommes courent, parce qu'ils aiment les chimères, et à courir.

Il en était là, et allait prouver que Bathmendi n'existait point dans le monde, lorsqu'une troupe de voleurs sort des rochers qui bordaient le chemin, environne les trois voyageurs, et leur commande de se dépouiller. Békir voulut résister, mais il fut désarmé ; et quatre de ces messieurs, lui tenant le poignard sur le cœur, le déshabillèrent, tandis que leurs camarades en faisaient autant à Mesrou et à Sadder. Après cette cérémonie, qui fut l'affaire d'un instant, le chef des brigands leur souhaita bon voyage, et les laissa tous trois nus comme des vers, au milieu du grand chemin.

Ceci vient à l'appui de ma proposition, dit Sadder en regardant ses frères. Ah! les lâches! s'écriait Békir, ils m'ont arraché mon épée. Eh! mes pauvres diamans! répondit Mesrou en pleurant.

Il faisait nuit : les trois infortunés se pressèrent de gagner la maison de leur frère. Ils arrivèrent, et la vue de cette maison fit couler leurs larmes. Ils s'arrêtaient à la porte; ils n'osaient frapper; toutes leurs frayeurs, toutes leurs incertitudes recommencèrent. Tandis qu'ils balançaient, Békir roula une grosse pierre, monta dessus; et, trouvant une fente dans le contrevent de la fenêtre, il regarde : il aperçoit, dans une chambre propre et simplement meublée, son frère Taï à table, au milieu de dix-sept enfans qui mangeaient, riaient et babillaient à la fois. Taï avait à sa droite sa femme Amine, qui coupait les morceaux de son dernier fils ; et à sa gauche était un petit vieillard d'une physionomie douce et gaie, qui versait à boire à Taï. Békir, à ce spectacle, se précipite dans les bras de ses frères, et frappe à la porte de toutes ses forces. Un valet vient ouvrir: Il jette des cris de frayeur en voyant trois hommes tout nus. Taï accourt ; on lui saute au cou , on l'appelle mon frère, on le baigne de pleurs. Il est troublé d'abord ; mais bientôt il reconnaît Békir, Mesrou et Sadder ; il les serre dans ses bras , il ne peut suffire à leurs embrassemens. Tous les enfans accourent à ce spectacle : Amine vient , mais elle se retire avec ses filles à l'aspect des trois frères nus. Il n'y eut que le petit vieillard qui ne quitta point la table.

Taï donne des habits à ses frères, les présente à sa femme, et leur fait baiser ses enfans. Hélas ! lui dit Békir attendri , ton heureux sort nous console de tout ce que nous avons souffert. Depuis l'instant de notre séparation , notre vie n'a été qu'un enchaînement d'infortunes , et nous n'avons seulement pas entrevu ce Bathmendi après lequel nous avons tous couru. Je le crois bien , dit alors le petit vieillard , qui demeurait toujours à table; je n'ai pas bougé d'ici. Comment ! s'écria Mesrou , vous êtes... Je suis Bathmendi , reprit le vieillard : il est tout simple que vous ne me reconnaissiez pas , puisque vous ne m'avez jamais vu; mais demandez à Taï , demandez à la bonne Amine et à tous ces petits enfans; il n'en est pas un qui ne sache mon nom. Il y a quinze ans que je demeure avec eux, je suis ici comme chez moi : je n'en suis sorti qu'un seul jour; ce fut celui où Amine perdit son père ; mais je revins, et je me suis bien promis de ne plus m'éloigner d'un seul

pas. Il ne tiendra qu'à vous, messieurs les aventu-
riers, de faire connaissance avec moi : si cela vous
fait plaisir, j'en serai fort aise ; si vous ne vous en
souciez pas, je m'en passerai. Je ne suis pas gênant ;
je me tiens dans mon coin, ne dispute jamais, et
déteste le bruit. Les trois frères, qui ne se lassaient
point de considérer le petit vieillard, voulurent l'embrasser. Oh! doucement, leur dit-il; je n'aime point
tous ces grands mouvemens; je suis délicat; et dès
qu'on me serre, j'étouffe. D'ailleurs il faut être amis
avant de se caresser. Si vous voulez que nous le
devenions, ne vous occupez pas trop de moi. Je fais
plus de cas de la liberté que de la politesse ; et tout
ce qui n'est pas modéré m'est antipathique. En disant ces mots il se leva, baisa chaque enfant sur le
front, fit un petit salut aux trois frères, un sourire
à Amine et à Taï, et il alla les attendre dans leur
chambre à coucher.

Taï se remit à table avec ses frères, et leur fit
préparer des lits. Le lendemain, il leur montra ses
champs, ses troupeaux, ses attelages, et leur dé-
tailla tous les plaisirs dont il jouissait. Békir voulut
labourer le jour même : aussi fut-il le premier qui
devint l'ami de Bathmendi. Mesrou, qui avait été
premier ministre, fut premier berger de la ferme;
et le poète se chargea d'aller vendre à la ville le blé,
la laine, le lait que l'on envoyait au marché; son

éloquence attirait les chalands, et il était aussi utile
que les autres. Au bout de six mois, Bathmendi se
plut avec eux; et leurs jours nombreux et tranquilles coulèrent doucement au sein du bonheur.

Il est inutile de dire ici que *Bathmendi*, en persan, signifie
le bonheur.

ROSALBA.

NOUVELLE SICILIENNE.

DEPUIS que, dans notre France, on s'est mis à philosopher, à mêler partout du raisonnement, à ne vouloir croire que le vrai, la magie et bien d'autres choses ont infiniment perdu de leur prix. Les sortilèges, les philtres, les enchantemens, si célèbres autrefois, si redoutés de nos aïeux, n'ont presque plus aucun crédit. On se moque des bohémiens qui disent la bonne aventure, des bergers qui donnent des sorts; on ne va guère plus chez les tireuses de càrtes; on rit même de celles qui, plus habiles, lisent l'avenir dans un blanc d'œuf, ou dans du màrc de café : on en rit; moi, je n'en ris pas. Sans vouloir rapporter ici une foule d'histoires attestées par mille témoins. je vois arriver tous les jours des événemens qui me démontrent la vérité de la magie. Par exemple, lorsque deux amans, que l'absence, les persécutions, les obstacles de toute espèce, n'avaient rendus que plus passionnés, sont enfin parvenus, par leur longue constance, à serrer les nœuds de l'hymen, et que tout à coup, dégoûtés l'un de l'autre, ils deviennent infidèles aussitôt que la fidélité leur est ordonnée; dira-t-on qu'il n'y a point là de magie? Lorsqu'une veuve désolée, prête à mourir de sa douleur sur la tombe de son époux, et qui fait craindre à tous ses amis que son désespoir ne finisse par aliéner sa raison, retrouve en un moment cette raison perdue, à l'aspect d'un beau jeune homme, et qu'essuyant les pleurs dont elle est noyée, elle remet dans les mains du consolateur sa cassette dont il a grand soin, son bonheur dont il ne se soucie guère; n'est-il pas évident que c'est l'effet de quelque philtre? Oui, sans doute, et cent traits pareils viendraient à l'appui de mon assertion. Aussi l'Espagne, l'Italie, la Sicile, conservent-elles un tribunal chargé de sévir contre les sorcières et les magiciens; preuve nouvelle que leur art n'est pas aussi chimérique qu'on le dit. On en pourra juger encore par cette anecdote très-véritable, que je tiens de témoins oculaires.

Rosalba naquit à Palerme d'une famille illustre et puissante. La fortune fit beaucoup pour elle; la nature fit encore plus. Dès son enfance, sa beauté naissante, sa grace, sa douceur, son esprit, la rendaient l'idole d'un père dont elle était l'unique enfant. L'éducation la plus soignée, les maîtres les

plus habiles, développèrent les heureux talens que
Rosalba reçut du ciel. A quatorze ans, elle effaçait
déjà toutes les beautés siciliennes ; elle entendait et
parlait la langue de Racine, celle de Pope, celle de
Cervantes, et même un peu celle de Gessner ; elle
faisait des vers qu'elle ne montrait qu'à son père ; et
d'autres que son père en eussent été contens : elle
chantait les airs de Léo avec une voix plus touchante
que celle de la fameuse Faustine ; et lorsqu'elle s'ac-
compagnait de la harpe, les cardinaux, les prélats,
qui se connaissaient le mieux en musique, convenaient que les anges du ciel ne pouvaient surpasser
Rosalba.

A tant d'attraits, à tant de talens, la jeune Rosalba joignait cent mille ducats de rente. On juge
qu'elle fut recherchée par les premiers seigneurs de
Sicile. Le vieux comte de Scanzano, son père, assez
sage pour imaginer qu'un mariage brillant n'est pas
toujours un mariage heureux, se garda bien de cal-
culer les titres ou les richesses de ceux qui lui de-
mandaient sa fille. Il ne voulut en protéger aucun ;
et, se contentant de les admettre chez lui, dans les
concerts, dans les bals, qu'il donnait souvent, ce
bon père laissa Rosalba maîtresse absolue de son
choix.

Rosalba fut long-temps incertaine. Elle était née
tendre, vive et passionnée comme une Sicilienne,

mais elle avait à peine seize ans, et son cœur, qui lui
parlait déjà, ne s'expliquait encore pour personne.
Cependant ses yeux avaient distingué le jeune duc
de Castellamare. Une taille haute, svelte, une belle
figure, de l'esprit, de la valeur, un grand nom et dix-
neuf ans, donnaient au duc de l'avantage sur des
rivaux plus sages que lui. Privé de ses parens au
berceau, la liberté dont il avait joui de trop
bonne heure pouvait excuser les écarts d'une jeunesse impétueuse. D'ailleurs ses écarts étaient igno-
rés; et le comte de Scanzano, qui l'avait vu d'abord
avec répugnance briguer la main de Rosalba, s'a-
perçut à peine qu'il était préféré, qu'il le préféra
lui-même. Il parla le premier du duc; il en fit un
pompeux éloge; et suivit, dans cette occasion, l'u-
sage où il était dès long-temps, de conseiller toujours
à sa fille ce qu'il avait deviné qui lui plaisait davantage.

Le mariage fut bientôt conclu. Le comte de Scanzano le célébra par des fêtes magnifiques. La jeune
duchesse parut à la cour du vice-roi, dont elle devint le plus bel ornement. On ne parlait que de ses
charmes; on enviait le destin du duc. L'heureuse
Rosalba se livrait aux plaisirs de toute espèce qui
remplissaient et variaient ses instans. Jeune, belle,
riche, adorée, elle voyait devant elle une longue
carrière de félicité. Son époux n'était occupé que

de l'aimer; tout ce qui l'entourait ne songeait qu'à
lui plaire; et son vieux père, transporté de joie,
remerciait tout haut le ciel, embrassait son gendre,
contemplait sa fille, et s'applaudissait d'être sûr de
mourir avant qu'aucun événement pût venir troubler son bonheur.

Six mois après cet hyménée, ce bonheur n'était
déjà plus. Le duc, entraîné par les dangereux
amis corrupteurs de sa jeunesse, reprit le goût des
tristes plaisirs qu'il avait quittés sans y renoncer. Il
abandonna son épouse pour lui donner d'indignes
rivales. D'abord il prit soin de cacher les outrages
faits à l'amour; mais bientôt, perdant toute retenue,
il prodigua ses trésors aux vils objets de ses feux
passagers; il publia lui-même ses désordres, et
sembla tirer vanité du prix qu'il mettait à son ab-
jection.

La malheureuse Rosalba n'eut pas besoin d'être
instruite par ces personnes officieuses qui se plaisent à déchirer le cœur des épouses délaissées. Elle
aimait le duc; elle s'aperçut aussitôt que lui de son
changement. Dévorant en secret ses larmes, ca-
chant sa douleur à tous les regards, elle s'occupa
surtout de tromper les yeux de son père, d'épargner au tendre vieillard un chagrin qui l'eût mis au
tombeau. Feignant devant lui d'être heureuse, souriant quand les pleurs l'étouffaient, elle excusait les

fréquentes absences du duc, lorsque le vieux comte
s'en plaignait; elle leur trouvait des motifs : elle in-
ventait des prétextes à sa solitude profonde, à sa
santé qui dépérissait. Ce bon père ne la croyait
point; mais il faisait semblant de la croire; il lui
dérobait à son tour ses alarmes, ses inquiétudes; et
tous deux, craignant de se dire ce qui se passait
dans leurs âmes, se trompaient par délicatesse.

Rosalba n'avait qu'une amie, confidente de tous
ses secrets. Cette amie, qui s'appelait Laure, était
sa plus fidèle domestique. Mieux instruite que sa
maîtresse des désordres du jeune duc, désespérant de le voir jamais revenir à son épouse, Laure
avait tenté plusieurs fois d'éteindre, ou du moins
d'affaiblir la passion de la duchesse. Elle l'avait
exhortée à vivre enfin pour elle-même, pour son
père, pour l'amitié; Rosalba ne pouvait suivre ce
conseil : le besoin d'aimer, le plaisir si doux d'accorder son devoir et son penchant, cette reconnaissance involontaire qu'une jeune fille innocente
éprouve pour le premier homme qui lui fit connaître l'amour, tout venait enflammer le cœur de
Rosalba, tout lui rendait cher un époux coupable.
Elle s'attribua la cause de son malheur; elle se re-
procha d'avoir cru qu'il suffisait de toujours aimer
pour être toujours aimable, d'avoir négligé, depuis
son hymen, ces talens qu'elle estimait peu, mais

qui séduisent, qui flattent, et retiennent souvent
plus que la constance l'amant qu'ils rendent orgueil-
leux. Rosalba se para davantage; elle trouva le secret de s'embellir; elle reprit sa harpe, ses chants,
et fit verser des pleurs à son père, en chantant les
beaux vers du Tasse où Armide rappelle Renaud. Ses
efforts furent inutiles : sa douceur, sa patience, ses
tendres soins, ne touchèrent point son époux. Livré
à ses honteux égaremens, passant les jours et les
nuits loin de sa maison, loin de la duchesse; à peine
il la voyait quelques instans, à peine apprenait-il
par les autres jusqu'à quel point de perfection elle
portait ces talens enchanteurs qu'elle ne cultivait
que pour lui.

Enfin, réduite au désespoir, Rosalba désirait la
mort, et Laure commençait à craindre que la douleur ne terminât sa vie. Ma chère maîtresse, lui dit-
elle un jour, puisqu'il n'est pas en votre pouvoir de
vous guérir d'une passion funeste qui vous conduit
au cercueil, puisque vous avez épuisé, pour ramener un ingrat, tout ce que l'amour et la vertu
ont de plus fort, de plus touchant, il faut plutôt que
de mourir avoir recours à d'autres moyens. Je
connais une vieille Juive, établie à Palerme depuis
deux ans, et célèbre par ses sortilèges, et surtout
par les philtres qu'elle compose; nos prétendus esprits forts se moquent des prodiges qu'elle opère;

et ne veulent pas y croire; mais moi, grace au ciel, je crois tout, et je ne puis douter de ce que j'ai vu. Vous vous rappelez cette jeune Lisbette qui venait vous vendre des gazes l'hiver dernier, et qui semblait vous intéresser. Elle était sage autant que belle; elle demeurait chez ma sœur, qui m'a répété mille fois qu'elle était l'exemple de tout le quartier. Un jeune seigneur la vit à l'église, il osa lui parler d'amour. Lisbette ne l'écouta point, lui renvoya ses lettres cachetées, évita partout sa rencontre. L'amant rebuté courut implorer les secours de la vieille Juive, lui raconta ses chagrins, lui fit un fort beau présent. La sorcière remit dans ses mains une petite bougie verte, qu'elle lui dit d'allumer toutes les fois qu'il désirerait de voir l'objet de son amour. J'ignore si cette nuit même il alluma la bougie verte; mais je sais que, depuis ce temps, Lisbette, toutes les nuits, s'en va seule chez son amant, d'où elle ne revient qu'à l'aube du jour. Ma sœur, après s'en être assurée, a voulu lui faire quelques reproches; mais la pauvre Lisbette l'a désarmée en lui contant ingénument qu'aussitôt qu'elle est endormie elle se relève, s'habille par une force surnaturelle, sort de la maison sans le vouloir, et s'en va trouver, malgré elle, le jeune seigneur qu'elle n'aime point du tout. Là, dit-elle, est une bougie verte qui brûle sans se consumer, et qui s'éteint avec bruit aussitôt que le

jour parait. Alors je reprends ma raison, je crois
sortir d'un rêve terrible, et je reviens chez moi
baignée de larmes.

Vous devez juger, ma chère maîtresse, par ce
récit, qui n'est que trop vrai, de la force des enchantemens de cette Juive. Pourquoi ne pas la consulter? Si vous désirez n'être point connue, dé-
guisez-vous, prenez mes habits; si vous craignez
d'aller chez elle, je me charge de vous l'amener.

La duchesse écouta Laure avec un triste souris :
elle rejeta son offre, et ne voulut point d'un remède que son esprit et sa raison lui présentaient
comme insensé. Mais, quand on aime, l'esprit, la
raison, ne servent pas à grand'chose, et rien ne paraît insensé lorsqu'il s'agit de parvenir à plaire.
Rosalba rêvait à la Juive. Son imagination, natu-
rellement ardente, s'enflammait encore par l'amour.
Crédule, puisqu'elle était tendre, elle payait aux
mœurs de son pays le tribut de superstition que
toute Sicilienne leur doit; elle n'avait plus d'espoir.
Laure lui contait chaque jour un nouveau miracle
de la sorcière. Rosalba, décidée enfin, dit à Laure
de l'aller chercher.

La vieille ne vint qu'à la nuit. Elle fut introduite
avec mystère dans un appartement secret, éclairé
de peu de bougies. La duchesse s'y rend aussitôt,
accompagnée de la seule Laure : elle pensa reculer

d'effroi à l'aspect d'une petite figure courbée sur un bâton d'épine noire, et vêtue d'une robe garance que nouait une ceinture jaune. Sur sa tête, qui tremblait toujours, une vieille cape avancée cachait à peine quelques cheveux gris. Un os pointu, couvert de peau sèche, qui jadis avait été son nez, venait joindre un autre os semblable, qui servait encore de menton. Ses yeux ardens, quoique éraillés, étaient surmontés de quelques sourcils blancs, et deux cavités marquaient la place où furent ses joues.

La duchesse, après s'être remise de sa frayeur, fit asseoir la pythonisse ; et sans chercher à lui rien déguiser : J'adore mon époux, dit-elle en répandant quelques larmes ; il m'a aimé ; oui, je suis sûre qu'il m'a aimée. Il m'abandonne à présent pour de vils objets indignes de lui ; si vous pouvez le ramener à moi, si vous pouvez me le rendre comme il était aux jours de mon bonheur, mon or, mes diamans, tout ce que je possède vous appartient.

La sorcière baissa la tête, fronça ses sourcils blancs, et se frotta le front avec une main desséchée. Après un moment de silence : Madame, dit-elle d'une voix enrouée, j'ai des philtres dont l'effet est sûr pour ramener les amans ; mais je n'en connais guère d'assez forts pour les maris. Cependant, l'hiver dernier, je fus appelée par une jeune prin-

cesse qui se trouvait dans votre position. Son époux
était amoureux d'une cantatrice romaine, assez
laide et sur le retour. J'essayai deux philtres en
vain. Surprise de les voir sans succès, je me doutai
que la cantatrice se mêlait aussi de magie, et qu'elle
employait de son côté des sortilèges qui détruisaient
l'effet des miens. Piquée alors de cet amour-propre qui
seul anime les talens, je m'introduisis chez la cantatrice. Je montai jusqu'à son grenier; il était fermé
par trois portes; vous jugez que je n'avais pas besoin de clefs pour les ouvrir. Parvenue dans ce grenier, j'aperçus bientôt ce qui s'opposait à mes philtres. Je vis un beau coq enchaîné par le cou, par les
ailes et par les pattes. Ce coq avait sur les deux yeux
deux lunettes de cuir bouilli, qui le privaient entiè-
rement de la vue. Je ris de pitié. Je saisis le coq, et
me contentai seulement de lui ôter ses lunettes. Je
revins chez moi, bien certaine que tous mes désirs
allaient être remplis. En effet, dans le même instant
où le coq cessa d'être aveugle, l'époux de la jeune
princesse ne le fut plus pour sa cantatrice. Il la vit
telle qu'elle était, laide, vieille, méchante, perfide;
et, revoyant aussi son épouse, belle, jeune, fidèle,
charmante, il en devint plus épris que jamais.

Aujourd'hui nous avons à faire une cure plus difficile. Vous ne pouvez me désigner aucune femme
en particulier qui soit aimée de votre époux. Plu-

sieurs le sont à la fois ; et mes enchantemens, ainsi divisés, perdraient sûrement de leur force. Ne désespérons pourtant point. Je suis maîtresse d'un secret terrible; et, si je pouvais posséder des cheveux coupés par vous-même sur la tête d'un criminel mort au gibet, je serais sûre de vous faire aimer pour la vie de celui que vous adorez.

La duchesse frémit à ces paroles, et congédia la sorcière; mais elle n'était pas sortie, que Laure courut la rappeler. Rosalba désespérée, après avoir épuisé toutes les offres, toutes les instances, pour qu'elle trouvât d'autres moyens, vaincue enfin par l'opiniâtreté de la Juive, qui s'obstinait à répéter que celui-là seul était infaillible, Rosalba finit par lui demander comment elle pourrait parvenir à se procurer ces horribles cheveux. Ecoutez, lui dit la sorcière :

A une demi-lieue de Palerme, sur le chemin de Corlione, est une petite chapelle environnée d'un fossé profond : un pont de bois conduit à la chapelle autour de laquelle règne en dehors un cordon de pierre de la largeur d'un demi-pied. Au-dessus de ce cordon sont suspendus aux murailles les corps des criminels exécutés à Palerme. Ils demeurent là pour l'exemple, jusqu'à ce qu'ils tombent dans le fossé qui sert de sépulture à leurs débris. Si vous avez assez de courage, ou plutôt assez d'amour pour aller à cette chapelle, seule, au milieu de la nuit, pour vous avancer sur le cordon de pierre, et couper de votre main gauche les cheveux du premier cadavre qui s'offrira devant vous, je réponds ensuite du reste; mais personne ne doit vous accompagner : il est nécessaire que vous alliez seule, et que ce soit à l'heure de minuit.

Rosalba réfléchit quelques instans : puis, saisissant avec force la main de la vieille Juive, elle lui répondit : J'irai.

Onze heures sonnaient : Rosalba veut sur-le-champ tenter l'entreprise : elle demande sa mante : Laure tremble en la lui donnant. Elle prend une lanterne sourde, s'arme de ciseaux, d'un poignard, ordonne à la sorcière de l'attendre, défend à Laure de la suivre, et, s'échappant par une porte du jardin, elle sort aussitôt de la ville, prend le chemin de Corlione, et la voilà dans la campagne, seule, au milieu des ténèbres, marchant d'un pas rapide et ferme, en éloignant toute autre idée que celle de son époux.

Elle arrive, voit la chapelle... Un tremblement la saisit : sans s'arrêter cependant, elle cherche avec sa lanterne l'entrée du pont de bois. Elle le traverse, s'avance; et, parvenue au cordon de pierre, elle s'arrête pour le regarder à la lueur de son faible flambeau. Ce cordon avait à peine un demi-pied de largeur ; il était fait en talus, incliné vers le fossé. La duchesse dirige sa lumière, et jette les yeux sur ce précipice : des ossemens blanchis se distinguent à vingt toises au-dessous d'elle.

Rosalba, prête à défaillir, se ranime, fait un effort, pose un pied sur l'étroit cordon; au second pas, elle chancelle : son premier mouvement est de porter la main pour s'attacher à la muraille....... Sa main rencontre la jambe d'un des cadavres suspendus; elle la saisit, elle s'y soutient, passe sa lanterne de la main gauche dans celle qui serrait cette jambe, prend ses ciseaux, et s'élevant sur la pointe de ses pieds mal assurés, elle s'efforce d'arriver à la tête du cadavre pour couper les cheveux dont elle a besoin.

Au milieu de cette horrible occupation, une calèche à six chevaux passe sur la grande route. Dans cette calèche était un jeune homme qui conduisait deux cantatrices à sa maison de campagne : il aperçoit, du chemin, l'éclat de la pâle lumière, et distingue bientôt une femme qui semblait vouloir détacher le corps d'un de ces malheureux. Saisi d'horreur et d'effroi, le jeune homme prend cette femme pour une sorcière qui médite quelque maléfice. Il fait arrêter ses chevaux, sort de la voiture, s'avance, et, superstitieux, même dans la débauche, il crie d'une voix de tonnerre : Infame pythonisse, laisse

en paix les morts, ou redoute les vivans; tremble
que je n'aille sur l'heure t'arracher ton affreuse
proie, et te livrer ensuite au saint office. :

Que devint la duchesse à ces paroles! c'était la
voix de son époux. Dans sa surprise, dans sa terreur, elle laisse échapper sa lanterne, qui tombe,
roule, s'éteint; et l'infortunée, dans l'obscurité,
reste suspendue au cadavre, tremblante, respirant
à peine, sentant que ses forces vont l'abandonner.

Le duc redouble ses menaces; il traverse déjà le
pont. Obligée enfin de parler, Rosalba, presque
mourante, lui dit : Arrêtez, arrêtez, je ne médite
point de crime; Dieu et mon cœur m'en sont témoins.
N'outragez pas une infortunée qui ne mérite que la
pitié. Surtout n'avancez pas vers moi, si vous ne
voulez qu'à l'instant je me jette dans ce précipice.

A ces mots, à cette voix, le duc reconnaît son
épouse; il jette un cri, s'élance vers elle en la nom-
mant, en la suppliant de l'attendre, de se rassurer :
il employa même des expressions d'amour que le
danger de Rosalba lui arrachait. Il parvient enfin
jusqu'à elle, la saisit, la prend dans ses bras, l'emporte évanouie à sa voiture, dont il fait sortir celles
qui l'occupaient; et, revolant vers la ville, glacé de
surprise et d'horreur, il arrive avant que la duchesse ait repris ses sens.

Laure, en revoyant sa maîtresse privée de sentiment, entre les bras de son époux, remplit l'air, de cris douloureux. Elle la secourt, la rend à la vie, tandis que le duc, hors de lui, ne peut croire à ce qu'il a vu, cherche en vain à le comprendre, et demande qu'on le lui explique. La vieille alors lui dit ces paroles avec une imposante gravité :

Homme insensible et cruel! tombez à genoux devant votre épouse ; adorez le divin modèle des cœurs passionnés et constans. Jamais amant, jamais époux ne reçut de marque d'amour plus vive, plus grande, plus forte que celle qu'on vous donne aujourd'hui. Apprenez, ingrat, apprenez ce qu'a fait pour vous Rosalba, rougissez de l'y avoir réduite, et employez votre vie entière à lui payer ce qu'un seul moment vous impose d'obligations.

La Juive alors raconte en détail sa conversation avec la duchesse, et la terrible épreuve qu'elle exigea d'elle. Le duc ne laisse pas finir la vieille; il s'élance aux pieds de sa femme : il verse des pleurs d'admiration, de tendresse, de repentir ; il jure de réparer, par une constance éternelle, des égaremens qu'il abhorre ; il en demande le pardon et s'en reconnaît indigne. La tendre Rosalba le relève avec un douloureux sourire ; elle le presse contre son sein, baigne son visage de larmes de joie; et tous deux, parlant à la fois de reconnaissance, se rendent grace mutuellement du bonheur qu'ils vont se devoir.

Depuis ce moment, le jeune Castellamare, abandonnant les faux amis qui n'avaient pu tout-à-fait le
corrompre, heureux d'une félicité qu'il n'avait pas
encore connue, de celle que donnent la vertu, l'a-
mour épuré, la paix avec son cœur; Castellamare,
toujours plus épris, toujours plus aimé de Rosalba,
coula des jours sans nuages entre sa fidèle épouse,
les enfans qu'elle lui donna, et le bon vieillard Scan-
zanó. La Juive, riche des dons que lui prodigua la
duchesse, renonça par ses conseils à son dangereux
métier; elle avoua même depuis qu'en proposant à
Rosalba d'aller à cette chapelle, elle savait que tous
les soirs le duc y passait vers minuit. Elle avait peu
compté sur l'effet de cette rencontre; ce qui ne diminue point la gloire de son succès, et ne peut al-
térer la foi que nous devons tous aux sorcières.

SELMOURS.

NOUVELLE ANGLAISE.

———

C'EST une belle et respectable nation que la nation anglaise. Le poids immense dont elle fut toujours dans la balance de l'Europe, ce qu'elle a fait d'éclatant dans la politique, dans la guerre, ses sublimes découvertes dans les sciences, assureraient assez sa gloire, quand même elle n'y joindrait pas l'avantage plus précieux encore d'avoir été le premier peuple moderne qui ait possédé les deux biens les plus nécessaires au bonheur des hommes, des philosophes et des lois. Les Anglais n'en ont point abusé, ce qui était si facile ; ils ont eu l'extrême sagesse de ne pas vouloir tout d'un coup atteindre à la perfection, qui ne peut être jamais que le fruit de l'expérience. Ils ont pensé que la raison, peut-être même la vertu, et sans nul doute le bonheur, n'étaient autre chose que la mesure ; et, pour conserver le plus beau bienfait dont l'homme puisse jouir, la liberté, ils ont confondu ce grand nom, ils en ont mêlé la sublime idée avec celle d'obéissance à la loi avec le respect des autorités établies par la loi, avec la crainte religieuse de jamais offenser la loi. De là s'est promptement formé ce soutien inébranlable de la liberté, ce principe générateur de la félicité d'un peuple, l'esprit public. C'est par lui seul que les habitans de deux îles beaucoup moins grandes que la France, se sont vus souvent les arbitres ou l'effroi des souverains, les médiateurs de l'Europe; que leurs flottes, maîtresses de l'Océan, sont allées dans les deux Indes porter la terreur et chercher des trésors; et que leur pays heureux, à l'abri des invasions étrangères, des divisions intestines, jouit de la paix, des beaux-arts, possède les richesses du monde, et voit arriver dans ses ports toutes les productions de l'univers.

Voilà sans doute sur quels motifs est fondée cette haute opinion d'eux-mêmes, cette estime trop souvent exclusive de leur nation, que l'on reproche quelquefois aux Anglais. Ils savent tout ce qu'ils valent, et n'ont là-dessus nul secret pour personne. Ils dédaignent d'ouvrir les yeux sur le mérite, sur les qualités qui sont propres à chaque peuple; cette insouciance donne à leurs vertus un air d'orgueil qui en diminue l'attrait; enfin ils comptent pour fort peu de chose l'approbation, le suffrage des autres; et le seul moyen d'être aimable, c'est de les compter pour beaucoup.

J'ai connu pourtant un Anglais qui, pour éviter
ce défaut, était tombé dans le défaut contraire :
non-seulement il attachait un grand prix à l'opinion,
à l'estime d'autrui ; mais cette estime était devenue
un des premiers besoins de son cœur. Il ne lui suffisait pas de bien faire, il fallait encore qu'il fut ap-
prouvé. Son but, son désir, sa règle, étaient qu'aucune de ses actions ne pût être blâmée de personne.
Il voulait plus, il aspirait à ce qu'elle fût applaudie :
il prétendait enfin *plaire à tout le monde* ; et cette
prétention mettait son bonheur à la merci de tous
les humains.

Ce jeune homme, dernier rejeton d'une famille
illustre du comté de Middlesex, était né presque
sans fortune ; mais la nature avait pris soin de le
dédommager de ce malheur. Doué des avantages
de la figure, il y joignait une ame élevée, un esprit
aimable, un caractère extrêmement doux. La plus
sévère sagesse ajoutait un nouvel éclat à ses qualités. Il avait perdu son père et sa mère à dix ans.
Elevé par les soins d'un cousin fort riche qui s'était
fait un devoir de secourir le jeune orphelin, sir
Édouard Selmours acheva ses études avec distinc-
tion, et fut placé, par le crédit de son bienfaiteur,
dans un régiment de cavalerie.

Dès son entrée dans le monde, réfléchissant qu'il était sans bien, sans famille, sans autre appui que ce bienfaiteur, qui ne devait pas lui pardonner deux fautes ; Selmours s'était promis de n'en commettre aucune ; et Selmours avait tenu parole. Malgré son extrême jeunesse, malgré les dangereux exemples qui l'environnaient souvent, jamais l'erreur la plus légère ne vint le détourner de ses devoirs. Occupé de ses seuls devoirs et des études nécessaires pour les bien remplir, il parvint en peu de temps aux premiers grades, sans autres protecteurs que ses travaux, son courage, ses talens ; et, loin de s'enorgueillir des éloges que ses rivaux eux-mêmes ne pouvaient lui refuser, il leur disait en souriant : Je ne dois mes faibles succès qu'à l'impuissance où je me suis vu de payer ma première faute.

Le seul défaut de sir Edouard était cette faiblesse dont j'ai parlé, qui lui faisait attacher une si haute importance à l'opinion des autres sur son compte ; faiblesse excusable sans doute, puisqu'elle devenait la source de beaucoup de vertus. Mais, soit modestie, soit orgueil, ce qui se ressemble assez souvent, le témoignage de sa conscience ne lui suffisait jamais. Une calomnie, un simple soupçon qu'on se serait permis sur sa probité, sur ses mœurs, l'aurait rendu le plus infortuné des hommes ; et comme, malgré l'envie qu'il devait exciter, personne n'avait osé porter la moindre atteinte à sa réputation, comme il se voyait aussi respecté qu'il méritait en effet de l'être, sir Edouard avait fini par se persuader que la véritable vertu commande à la renommée; que le public, souvent sévère, ne cesse pourtant pas d'être juste ; que celui qu'il estime a toujours du mérite, et que celui qu'il flétrit par son mépris est digne d'être méprisé.

Selmours, pendant les hivers qu'il venait passer à Londres, fuyait le monde et les plaisirs bruyans pour ne vivre que chez son bienfaiteur, chez quelques amis, ou dans la société d'une jeune veuve nommée mistriss Elisa Hartlay, à laquelle il avait eu le bonheur de rendre un léger service. Cette veuve, que sa beauté, son esprit, mille qualités aimables, rendaient l'objet de beaucoup d'hommages, avait distingué sir Edouard, avait reconnu dans lui les vertus qui convenaient à son cœur. Elle se plaisait à le voir, lui marquait chaque jour une amitié plus confiante, et s'apercevait sans effroi de l'impression tendre et profonde qu'elle avait faite depuis longtemps sur le timide Selmours. Celui-ci n'était occupé que de cacher ses sentimens : il adorait mistriss Hartlay; il avait droit de se flatter qu'il était loin d'en être haï : mais mistriss Hartlay possédait trois mille livres sterling de rente; que serait devenu Selmours, si le public avait pu l'accuser de rechercher

14.

une veuve riche, d'avoir fait entrer ses richesses
pour quelque chose dans sa passion.

Mistriss Hartlay avait un procès d'où dépendait
une grande partie de sa fortune. Sir Edouard en
attendait le jugement, pour la fuir à jamais si elle
le gagnait, pour lui déclarer son amour si elle venait à le perdre. Heureusement le procès fut perdu.
Selmours n'hésita plus à parler; il découvrit le secret
de son cœur; il apprit à mistriss Hartlay ce qu'elle
savait aussi bien que lui; et l'aimable veuve, sensible à tant de délicatesse, le paya par sa douce réponse, et de son silence et de son aveu.

Les deux amans, certains l'un de l'autre, et con-
solés de la médiocrité de leur fortune par cette
félicité pure que donne l'amour partagé, n'avaient
plus qu'à fixer le jour de leur hymen. Librés tous
deux, ils ne pouvaient trouver le moindre obstacle.
Selmours voulait seulement prévenir son cousin,
M. Mekelfort, cet ancien bienfaiteur chez lequel il
demeurait à Londres, et qui, sans jamais le gêner,
lui avait marqué dans tous les temps une bonté
paternelle. Mistriss Hartlay ne dépendait de personne; mais l'amitié, la déférence, l'espèce de
respect qu'elle avait toujours conservées pour un
vieillard nommé M. Pikle, frère aîné de son premier mari, lui faisaient un devoir de le consulter
sur son changement d'état.

C'était un homme assez extraordinaire que ce
M. Pikle. Son caractère était précisément l'opposé
de celui de Selmours. Autant le jeune homme
respectait, craignait l'opinion des autres, autant le
vieux M. Pikle méprisait toute opinion qui n'était
pas la sienne. Ce qu'il avait pensé, ce qu'il avait dit
une fois, devenait pour lui une vérité démontrée,
un principe, une loi sacrée, à laquelle il ne pouvait
comprendre que tous les hommes ne se soumissent
pas. Si le hasard l'eût fait roi d'Angleterre, il se
serait cru de bonne foi roi de France, uniquement
parce que, dans son premier édit, il en aurait pris
le titre. Il avouait, sans la moindre inquiétude,
que, dans tout le cours de sa vie, jamais il ne s'était
trompé, que jamais il n'avait changé d'avis sur rien.
Depuis soixante et dix ans révolus, il avait raison.
D'ailleurs sévère sur l'honneur, incorruptible, irré-
prochable, bon parent, fidèle ami, mais disputeur
éternel. Sa grande manière pour prouver ce qu'il
avançait, était de parler toujours; et, comme il
avait une poitrine excellente, infatigable, et qu'à la
longue ceux qu'il voulait persuader, s'ennuyant ou
de se taire ou de l'entendre, se retiraient sans mot
dire, M. Pikle ne doutait point qu'il ne les eût con-
vaincus, et se flattait d'être le plus habile dialecti-
cien de l'Europe. Il avait été marié dans sa jeunesse,
et s'était conduit avec sa femme comme le plus

honnête des époux : mais il avait voulu absolument lui montrer la dialectique; et à force d'écouter son mari, la pauvre mistriss Pikle était morte sourde. Elle n'avait laissé qu'un fils, qui faisait ses études à l'université d'Oxford. Son père ne voulait pas qu'il revînt à Londres avant l'âge de trente-un ans; encore se proposait-il de lui faire recommencer sa logique. En attendant, il disputait, et ne voyait à Londres que sa belle-sœur, qui, rendant justice à ses excellentes qualités, ne le contrariait jamais, et, le consultant beaucoup, passait dans son esprit pour la femme la plus raisonnable d'Angleterre.

Mistriss Hartlay lui parla de ses sentimens pour Selmours; et du dessein qu'elle avait formé de s'attacher à lui par des nœuds éternels. M. Pikle donna son approbation à ce mariage : Depuis long-temps, lui dit-il, j'estime et j'aime sir Edouard. C'est un homme d'honneur et de mérite, quoiqu'il manque de caractère, quoiqu'il cherche beaucoup trop à plaire, et qu'il n'ait pas pour ce qu'on appelle dans le monde L'AMABILITÉ, cette indifférence profonde, ce noble mépris qui distingue les ames fortes. Cela viendra, je l'espère, pour peu que nous vivions ensemble. Il a des principes, voilà l'important; et, s'il écoute mes avis, je vous réponds qu'il se passera du suffrage de tout le monde.

La jeune veuve sourit, et le mariage fut arrêté.

Selmours, au comble de ses vœux, écrivit sur-le-
champ à son cousin Mekelfort, qui, depuis six semaines, était à la campagne, à soixante mille de
Londres. Le lendemain du départ de sa lettre, un
courier vint lui apporter la nouvelle inattendue de
la mort subite de M. Mekelfort. Une attaque d'apo-
plexie venait de l'enlever en deux jours. Ses parens
s'étaient aussitôt rendus à sa terre, fort inquiets
d'apprendre quel était celui qu'il laissait héritier de
ses biens immenses. On avait ouvert à la hâte le
testament du défunt, et ses avides collatéraux
avaient pensé mourir de douleur en y lisant que
M. Mekelfort instituait pour légataire universel son
cousin sir Edouard Selmours.

Au testament était jointe une lettre, cachetée de
plusieurs cachets, sur laquelle il était écrit qu'elle
ne fût remise qu'au seul Selmours. L'homme de loi
qui présidait au scellé avait sur-le-champ envoyé
cette lettre à sir Edouard, avec la copie des dispositions du testateur. Tous les parens s'étaient retirés
beaucoup plus tristes qu'ils n'étaient venus ; et les
funérailles de M. Mekelfort n'avaient eu pour témoins que ses domestiques.

Sir Edouard, aussi affligé que surpris, donna de
véritables larmes à la mémoire de son bienfaiteur. Il
lui devait tout, il l'aimait tendrement ; et l'opulence
dont il allait jouir ne le consolait pas de sa perte.

Alarmé du mystère que paraissait renfermer cette lettre si bien cachetée, il ne voulut l'ouvrir qu'en présence de mistriss Hartlay et de M. Pikle. Il courut aussitôt s'enfermer avec eux, leur fit part en pleurant de cette nouvelle, ne parla presque point des richesses dont il devenait possesseur; et, leur demandant le secret d'avance sur ce que pouvait contenir la lettre de son cousin, il en rompit les cachets pour en commencer la lecture. La lettre était conçue en ces termes :

« MON CHER EDOUARD,

« Je ne rappellerai point ici ce que j'ai fait pour
« vous depuis votre enfance; votre cœur m'en a trop
« payé. Vous m'avez honoré, mon ami, en me don-
« nant le droit glorieux de vous regarder comme
« un fils, et c'est à moi de vous rendre graces
« d'avoir bien voulu m'associer. en quelque sorte à
« vos vertus.

« Je vous laisse toute ma fortune. Depuis que je
« vous connais, c'est à vous que je l'ai destinée,
« PERSONNELLEMENT A VOUS SEUL. Elle se monte à
« dix mille livres sterling de revenu. J'ai pris les
« précautions nécessaires pour que personne ne pût
« vous la disputer. Comme je ne la dois qu'à mes
« travaux, je pense qu'il m'est permis d'en disposer

« à mon gré. Si votre extrême délicatesse vous enga-
« geait à refuser ma succession pour la laisser à ma
« famille ou à qui que ce soit dans le monde, je
« vous préviens, je vous déclare que vous contredi-
« riez manifestement mes désirs et ma volonté.

« Mon testament vous donne tous mes biens sans
« aucune condition. Cette lettre, mon ami, ne vous
« en dictera point, elle ne contiendra qu'une prière.

« Je suis père d'une fille de dix-huit ans, que
« j'ai fait élever avec soin. Elle a mérité ma ten-
« dresse ; elle est belle, sage, aimable, et doit, j'en
« suis sûr, faire le bonheur d'un époux. Sa mère,
« que j'aimai long-temps, m'a fait éprouver, ce que
« je croyais impossible, un amour extrême sans au-
« cune estime pour l'objet de cet amour. Dieu vous
« garde, mon cher Edouard, de ces fatales passions !
« Elles tourmentent souvent, elles humilient tou-
« jours : leurs meilleurs momens sont ceux où l'on
« ne fait qu'en rougir. Des obstacles insurmonta
« bles, venus en partie du caractère violent, em-
« porté, de cette mère, m'ont empêché de l'épouser.
« Son nom est mistriss Forward. Sa fille Fanny
« passe pour sa nièce, et vit avec elle, auprès
« d'Oxford, dans la petite terre d'Owen, le seul de
« mes nombreux bienfaits que mistriss Forward
« n'ait pas follement dissipé.

« Je vous demande, comme à mon ami, comme

« à mon fils adoptif, de réparer mes torts envers ma
« fille, de lui rendre un état, un nom que je n'ai
« pu lui donner, d'acquitter ma dette envers elle en
« l'élevant au rang de votre épouse. Je vous répète,
« mon cher Édouard, que cette prière n'est point un
« ordre, n'est point surtout une condition, qu'elle
« n'a nul rapport avec les biens que je vous laisse :
« mais c'est une grace que je sollicite de mon ami,
« de mon fils, une grace que j'attends de sa piété.
« Cet espoir, que j'emporte dans la tombe, adoucit
« mes derniers momens, et rend plus vive, plus
« chère, s'il est possible, la tendresse qu'a toujours
« sentie pour vous votre cousin et bon ami,

« GEORGE MEKELFORT. »

Après avoir lu cette lettre, Selmours, interdit,
immobile, fixa des yeux pleins de douleur sur le
visage de mistriss Hartlay. Celle-ci baissa les siens
sans dire un mot. M. Pikle considérait attentivement Selmours. Tous trois gardaient un profond
silence, que M. Pikle rompit le premier : Que ferez-
vous? dit-il au jeune homme; je crains pour vous
que vous que vous n'hésitiez. Non, lui répond sir
Edouard, je suis affligé, mais non pas incertain.
Quels que fussent les droits de mon bienfaiteur
avant qu'il m'eût donné sa fortune, il n'avait sûrement pas celui de disposer de mon cœur, de me

faire manquer à mes sermens, de me rendre malheureux pour toujours. Personne au monde ne peut me
contester cette vérité. Hé bien , je vais me remettre
précisément dans l'état où je me trouvais avant sa
mort. Je vais renoncer à sa succession, rentrer dans
ma pauvreté, dans ma liberté ; et je ne croirai pas
trop payer par ce faible sacrifice le bonheur d'être
l'époux de la seule femme que je puisse aimer.

Un regard de mistriss Hartlay fut son unique réponse. Mais M. Pikle fronçant le sourcil : Que dites-
vous? s'écria-t-il. Vous n'avez donc pas fait attention
à la lettre que vous venez de lire? Elle vous défend,
en termes formels, de renoncer à cette succession ;
elle vous explique les motifs de cette défense. Oserez-
vous mépriser ainsi l'intention manifeste de votre
bienfaiteur? Il a compté sur vous pour épouser sa
fille ; il vous a fait son héritier, non pas à cette
condition, car je distingue : dans ce cas, vous seriez parfaitement libre d'accepter ou de ne pas accepter : mais il a commencé par vous donner son
bien et par vous interdire le refus : ensuite il vous
demande une grace, que l'honneur, la reconnaissance, vous permettent d'autant moins de lui refuser, que rien au monde ne vous y contraint : donc
il a voulu vous dispenser de l'obligation qu'impose
une loi, pour vous imposer une obligation bien plus
forte que toutes les lois ; celle de votre conscience....

Mais ma conscience était engagée, reprit doucement Selmours; et rien ne peut.....

Ne m'interrompez point , monsieur , continua
M. Pikle avec une voix plus forte, et répondez à
cette question, qui va devenir un dilemme : Si votre
bienfaiteur vivait encore, et que vous vinssiez lui
déclarer que vous ne voulez pas épouser sa fille, il
est au moins incertain, j'espère, que Mekelfort ne
changeât ses dispositions, et ne donnât sa fortune à
quelqu'un qui remplirait son désir. Aujourd'hui
qu'il est mort, comment voulez-vous qu'il les
change? Vous n'avez donc plus le droit de choisir.
Il faut obéir à ses volontés, à ses prières, qui sont
des ordres, et vous souvenir, monsieur, que l'honneur et le devoir savent compter pour rien les peines
de l'amour.

Cela peut être, répondit sir Édouard un peu
ému : mais je croyais que l'amitié les comptait pour
quelque chose, et s'expliquait avec moins de ru-
desse. Oh! monsieur, reprit M. Pikle, la probité, la
vérité n'ont pas un style fleuri; et tous ceux qui
penseront ou parleront autrement que moi sont des
imbéciles ou des fripons! — Mais vous me per-
mettrez de croire, malgré ma déférence pour vos
lumières, pour votre morale, qu'il existe dans l'u-
nivers des hommes aussi vertueux, aussi éclairés
que vous : je les consulterai, monsieur, et s'ils sont

A. Desenne inv.   B. Roger sculp.t

Nouvelles P. 134.

tous de votre avis, la mort me délivrera de la douleur de le suivre.

En disant ces mots, il sortit brusquement, sans
écouter M. Pikle qui lui criait : Vous aurez beau
mourir, cela ne prouvera rien. Il est souvent plus
aisé de mourir que de faire son devoir; et comme
je l'ai prouvé cent fois....... Selmours était déjà dans
la rue, et M. Pikle le suivait de loin en citant les
Offices de Cicéron.

Sir Edouard, trop tourmenté pour être discret,
alla consulter tous ses amis, en leur recommandant
le secret. Chacun fut d'un avis différent : les uns
voulaient qu'il partageât également les biens entre
les collatéraux, en s'en réservant une part, et qu'il
épousât sa maîtresse; les autres, qu'il remît la succession entière à la fille de M. Mekelfort. Un petit
nombre de rigoristes étaient de l'opinion de M. Pikle.
Beaucoup de gens du monde soutenaient que le
premier engagement de Selmours avec mistriss
Hartlay le rendait libre de celui que lui imposait
son cousin, et lui conseillaient d'épouser sa maîtresse, en conservant la fortune dont il héritait.
Tous enfin voyaient cette affaire sous un aspect différent; et le pauvre Edouard, qui toute sa vie avait
eu la prétention de n'être blâmé de personne, commençait à désespérer d'en venir à bout dans cette
occasion.

Plus agité, plus malheureux que jamais, il se
hâta de retourner chez mistriss Hartlay pour lui
demander ce qu'il devait faire, pour sacrifier à son
opinion toutes celles qu'il avait r cueillies. Il la
trouva seule et baignée de larmes. Selmours, à genoux devant elle, prit le ciel à témoin que rien dans
le monde ne pouvait le forcer à trahir ses sermens,
et finit par la supplier de vouloir bien régler sa
conduite, en lui promettant de tout faire, excepté
d'épouser Fanny. La tendre veuve se fit long-temps
presser : elle était trop intéressée au parti qu'Edouard
devait prendre pour se croire le droit d'avoir un
avis. Mais enfin, la délicatesse des convenances cé-
dant à la délicatesse de l'amour, mistriss Hartlay se
résolut à examiner cette affaire comme si c'eût été
celle d'un autre, et rassemblant, discutant les différentes opinions, elle finit par parler ainsi :

Je ne vous crois pas obligé, dans la plus stricte
morale, à faire pour votre bienfaiteur mort ce que
vous n'auriez jamais fait pour votre bienfaiteur
vivant. Quelle était son intention? Il en avait deux,
ce me semble : l'une de laisser sa fortune aux deux
êtres qu'il aimait le plus, à sa fille, et à vous, qu'il
regardait comme son fils, à vous qu'il assure avoir
choisi pour son héritier depuis qu'il vous a connu;
son autre intention était d'établir sa fille avec un
époux estimable, qui pût l'aimer, la rendre heu-

reuse, lui donner un état et lui conserver les biens
que M. Mekelfort n'avait pas voulu confier à la mère
de Fanny, parce qu'il craignait, comme il le donne
à entendre, qu'elle ne le dissipât. En faisant tout ce
que voulait faire M. Mekelfort, vous ne pouvez manquer à sa mémoire. Partagez avec sa fille comme un
frère avec une sœur ; voilà le premier point rempli.
Cherchez ensuite pour elle un époux qui ait à peu
près toutes les qualités que M. Mekelfort chérissait
en vous : je dois croire plus que personne que vous
le trouverez difficilement ; mais Fanny, qui ne vous
connaît pas, aura d'autres yeux que les miens. Jusqu'à ce moment gardez dans vos mains la dot que
vous donnerez à Fanny, en l'administrant comme
un tuteur sage qui doit en rendre compte à sa pupille. Il me semble que, si votre cousin eût vécu,
il ne se serait pas conduit autrement ; et personne
ne peut exiger que vous fassiez pour Fanny plus
que son père même n'eût fait.

Un bon raisonnement dans la bouche d'une maîtresse porte une double conviction. Sir Edouard,
persuadé par ce qu'il venait d'entendre, impatient
de suivre un conseil qui lui semblait tout concilier,
partit dès le lendemain pour aller instruire mistriss
Forward de ses généreux desseins. La mère et la
fille, se disait-il pendant la route, vont se trouver
au comble du bonheur. Elles ne s'attendent guère à

l'immense présent que je leur apporte. Nous assu-
rerons à mistriss Forward une forte pension viagère.
L'intéressante Fanny, avec cinq mille livres sterling de rente, ne manquera sûrement point d'é-
poux : je la laisserai maîtresse de son choix. Je ferai
deux heureux, je le serai moi-même ; et personne,
je crois, ne pourra blâmer sa conduite, quand on
verra tous les intéressés me respecter et me bénir.
O ma chère Elisa, c'est votre prudence, c'est votre
raison suprême qui m'a tiré de l'affreux péril où
j'étais ! Qu'il est doux pour votre ami de ne jouir
d'aucun bonheur qu'il ne le doive à vous seule !

Selmours arriva bientôt à la terre de mistriss
Forward. Le château n'avait pas une grande appa-
rence ; les bâtimens qui en dépendaient étaient en
mauvais état. Un domestique assez mal vêtu vint lui
demander à la porte ce qu'il voulait et qui il était.
Selmours, assez embarrassé, le pria d'aller l'annoncer à sa maîtresse comme le cousin de M. Mekelfort, dont sans doute on avait appris la mort subite.
Le domestique, en lui disant que mistriss en était
informée, l'introduisit dans une salle basse où une
jeune et belle personne lisait avec beaucoup d'attention une lettre qu'elle interrompit à l'arrivée de
Selmours, et qu'elle cacha dans son sein. Sir Edouard
la salua profondément : la jeune personne lui rendit
son salut avec beaucoup de grace, le pria de s'as-

seoir, et se retira sous prétexte d'aller chercher sa
tante. Selmours, qui, à ce nom, ne douta point que
ce ne fût Fanny, n'osa pourtant la retenir ; et mistriss Forward parut bientôt après sans être suivie de
sa nièce.

La première vue de mistriss Forward redoubla la
timidité naturelle de Selmours, et lui fit oublier le
petit discours qu'il avait préparé pour elle. C'était
une grande femme de quarante à quarante-cinq
ans, qui portait encore sur son visage les restes
d'une beauté qu'on jugeait bien avoir été parfaite :
mais cette beauté, même dans son éclat, ne pouvait
pas avoir été touchante ; la grace n'y avait jamais
été pour rien. Ses grands yeux noirs, vifs et brillans, avaient une certaine hardiesse qui rendait impossible de les fixer ; et son maintien, ses gestes, sa
voix, tout en elle inspirait une crainte qui n'avait
rien de commun avec le respect.

Après avoir reçu Selmours avec une politesse
assez froide, elle écouta avec un profond silence ce
qu'il avait à lui dire. Sir Édouard, un peu décon-
certé, lui expliqua, du mieux qu'il put, qu'étant
nommé par M. Mekelfort son légataire universel, et
connaissant le tendre intérêt que son bienfaiteur
prenait à miss Fanny, il croyait remplir un devoir
sacré en venant proposer à mistriss Forward de partager avec sa nièce l'héritage de leur ami commun;

il ajouta qu'il n'exigeait aucune reconnaissance pour
acquitter cette dette, mais que ses arrangemens de
fortune ne lui permettaient pas de livrer les fonds
de cette moitié avant l'époque où sa jeune nièce
prendrait un époux digne d'elle, pour le choix duquel il demandait l'honneur d'être consulté.

Après avoir achevé, non sans peine, cette explication difficile, après avoir rougi toutes les fois qu'il
prononçait le nom de tante et de nièce, tandis que
mistriss Forward ne rougissait point du tout, Selmours cessa de parler, en s'étonnant du peu d'effet
qu'il avait produit. Mistriss prit alors la parole.

Je ne comprends pas, lui dit-elle avec une gravité dédaigneuse, comment vous, monsieur, qui
avez reçu de la part de M. Mekelfort des preuves si
positives de sa confiance et de sa tendresse, pouvez
ignorer le projet qui l'occupa toute sa vie, et dont il
m'a parlé cent fois. C'est à vous qu'il destinait ma
nièce; c'est vous qu'il avait choisi pour être l'époux
de Fanny. Le dernier jour où je l'ai vu, il me raconta dans un grand détail les avantages qu'il comptait vous faire, uniquement à cause de ce mariage.
Souffrez donc qu'avant de répondre à votre proposition, je vous demande, à vous, monsieur, dont la
sincérité ne peut être suspectée, si vous n'avez aucune connaissance de cette intention de votre bienfaiteur.

En disant ces mots elle regarda fixement Selmours, qui ne put s'empêcher de rougir, baissa les yeux, et, tirant de sa poche la copie du testament, la lui présenta d'une main mal assurée, pour prouver à mistriss Forward qu'aucune condition n'était prescrite. Son aversion pour le mensonge ne lui permit pas de faire une réponse plus claire. Mais l'habile mistriss Forward sut interpréter sa rougeur; et lui rendant le papier après l'avoir parcouru : Je vois, dit-elle d'un air froid, que ma nièce n'a nul droit ni à vos biens ni à votre main; mais dans ce cas vous n'avez vous-même aucun titre pour nous humilier par un présent. Je le refuse au nom de ma nièce, certaine d'en être approuvée : elle ne peut, elle ne doit recevoir de bienfaits que de son époux. Si vous voulez le devenir, peut-être votre conscience n'en sera pas moins tranquille; si vous ne le voulez pas, un plus long entretien me paraît superflu.

Terrassé par ces paroles, sir Edouard ne trouva rien à répondre. Mistriss Forward se leva, lui fit une révérance, et le laissa seul dans l'appartement.

Selmours ne vit, dans le moment, d'autre parti à prendre que celui d'aller réfléchir ailleurs sur l'étrange manière dont on recevait ses propositions. Il regagna sa voiture, et se fit conduire à Oxford, qui n'était qu'à deux milles de cette maison. A peine

arrivé dans son auberge, son premier soin fut d'é-
crire à mistriss Forward pour la prier de réfléchir
que, n'étant point connu de sa nièce, il ne pouvait
par conséquent ni l'aimer ni en être aimé ; qu'il était
bien difficile que déjà l'un des deux n'eût pas fait un
choix, et que cette supposition vraisemblable suffisait pour rendre malheureuse une telle union. Il
lui représentait avec politesse que rien ne l'obligeait
à ce qu'il voulait faire ; renouvelait cependant ses
offres, et promettait de revenir le lendemain au soir
pour apprendre la dernière résolution de mistriss.

Cette lettre envoyée, le pauvre Selmours n'en
passa pas une meilleure nuit. Cette femme, se disait-
il, est sûrement instruite de mon secret. Si elle s'obs-
tine à me refuser, que ne dira-t-elle pas ! Sa terre
est voisine d'Oxford ; on y parlera de mon aventure ;
la calomnie y mêlera sa voix ; toute la jeunesse d'Angleterre, qui vient ici faire ses études, me regardera
comme un homme sans foi, sans probité, sans reconnaissance, et répandra partout cette opinion. Je
serai déshonoré, diffamé dans les trois royaumes ; je
n'oserai plus me montrer, je mourrai de désespoir ;
et cela parce qu'une femme entêtée ne veut pas consentir à recevoir de moi cinq mille livres sterling de
rente.

Le jour suivant se passa dans les mêmes réflexions.
Selmours attendit le soir, comme il l'avait dit dans

sa lettre, espérant que plus il laisserait de temps à
mistriss Forward, plus il pouvait se flatter qu'elle
aurait changé de pensée. Dès que le soleil fut couché,
il monta dans sa voiture; et ne voulant pas arriver
avec autant de bruit que la première fois, il fit arrêter ses chevaux au bout de l'avenue : là descendant,
seul, à pied, il s'avança vers le château, méditant
encore un nouveau discours.

Comme il passait auprès d'un bosquet attenant à
la maison, sir Édouard entendit chanter, et distingua la voix d'une femme. Les accens de cette voix
étaient si doux, si plaintifs, exprimaient si bien que
la personne qui chantait était tendre et malheureuse, que Selmours ne put s'empêcher d'écouter
jusqu'au bout cette romance si connue :

LE VIEUX ROBIN GRAY.

ROMANCE.

Quand les moutons sont dans la bergerie,
Que le sommeil aux humains est si doux,
Je pleure, hélas! les chagrins de ma vie,
Et près de moi dort mon bon vieux époux.

Jame m'aimait; pour prix de sa constance,
Il eut mon cœur : mais Jame n'avait rien;
Il s'embarqua, dans la seule espérance
A tant d'amour de joindre un peu de bien.

Après un an notre vache est volée,
Le bras cassé mon père rentre un jour,
Ma mère était malade et désolée,
Et Robin Gray vint me faire la cour.

Le pain manquait dans ma pauvre retraite ;
Robin nourrit mes parens malheureux :
La larme à l'œil, il me disait : Jeannette,
Épouse-moi, du moins pour l'amour d'eux.

Je disais : Non, pour Jame je respire.
Mais son vaisseau sur mer vint à périr....
Et j'ai vécu ! Je vis encor pour dire :
Malheur à moi de n'avoir pu mourir !

Mon père alors parla de mariage ;
Sans en parler, ma mère l'ordonna :
Mon pauvre cœur était mort du naufrage ;
Ma main restait, mon père la donna.

Un mois après, devant ma porte assise,
Je revois Jame.... et je crus m'abuser.
C'est moi, dit-il, pourquoi tant de surprise ?
Mon cher amour, je reviens t'épouser.

Ah ! que de pleurs ensemble nous versâmes !
Un seul baiser, suivi d'un long soupir,
Fut notre adieu ; tous deux nous répétâmes,
Malheur à moi de n'avoir pu mourir !

Je ne vis plus, j'écarte de mon ame
Le souvenir d'un amant si chéri :
Je veux tâcher d'être une bonne femme;
Le vieux Robin est un si bon mari !

AULD ROBIN GRAY.

When the sheep are in the fauld, and the kye at hame,
And all the weary warld asleep is gane,
The waes o my heart fall'in showers fra my eye,
While my gude man sleep sound by me.

Jamie lov'd me weel, and ask'd me for his bride :
But, saving a crown, he had naithing beside.
To make the crown a pound, my Jamie went to sea,
And the crown and the pound were baith for me.

He had nae been gane a year and a day,
When my faither brake his arm, and our cow was stole a
My mither she fell sick, and Jamie at the sea,
And auld Robin Gray came a courting to me.

My faither cou'd nae wark, and my mither could nae spin;
I toiled the day and night, but their bread I cou'd nae win
Auld Robin fed em baith, and wi tears in his eye,
Said : Jeany, for their sake, o pray, marry me.

My heart it fast hae, and I look'd for Jamie back;
But the wind it blew hard, and his ship was a wrack.
His ship was a wrack : why did nae Jeanie die !
And why was she spared to cry, Wae is me !

My faither urg'd me fair : but my mither did nae speak,
But she look'd in my face, till my heart was like to break :
Sa they gied him my hand, tho'my heart was in the sea,
And auld Robin Gray was gude man to me.

I had nae been a wife but weeks only four,
When, sitting sa mournfully out my ain door,
I saw my Jamye's waist ; for I cou'd nae think it he,
Till he said : Love, I ame comed hame to marry thee.

Sair, sair, did we greet and mickle did we say,
We took but ane kiss ; and we tore oursels away.
I wish I were dead, but I'm nae like to bee.
O why was I born to say, Vae is me!

I gang like a ghaist, and I canna like to spin ;
I dare nae think o Jamie, for that wou'd be a sin :
But I'll da my best a gude wife to be ;
For auld Robin Gray is very kind to me.

Après ce dernier couplet, sir Édouard, s'avançant
à travers les arbres, se trouva tout à coup auprès
de la personne qui venait de chanter, et qu'il avait
reconnue pour Fanny. Elle était seule, son mou-
choir à la main, assise sur le gazon, au pied d'un
hêtre dont l'immense feuillage rendait encore plus
sombre l'obscurité. Troublée de voir paraître un
homme, Fanny se lève précipitamment, vient à Selmours, et lui dit avec des sanglots : Est-ce ainsi que

A. Desenne inv.   B.r Royer sculp.

Nouvelles P. 193.

vous m'obéissez, monsieur Robert? Je vous ai écrit
deux fois ce matin pour vous prier de ne point paraître ici ; je vous ai rendu compte des scènes
violentes qu'il m'a fallu supporter de ma tante, de la
résolution où elle est toujours de me donner pour
époux cet odieux héritier de M. Mekelfort qui,
dans ce moment même est avec elle. Je vous jure de
nouveau, monsieur Robert, de plutôt mourir que
de manquer à la fidélité que je vous ai promise :
mais j'exige que vous retourniez sur l'heure à
Oxford, que vous ne reveniez ici qu'après la rup-
ture de ce fatal mariage et le départ de ce M. Selmours, que j'espère dégoûter de moi à force de
haine et de mépris.

En parlant ainsi, Fanny s'approchait toujours de
sir Édouard, qui l'écoutait sans l'interrompre, lorsque, arrivée auprès de lui, elle l'envisage, reconnaît
sa méprise, recule en jetant un grand cri, et disparaît à ses yeux.

Selmours ne songeait guère à la poursuivre. Plus
étonné qu'affligé de cette aventure, il ne savait plus
s'il irait trouver mistriss Forward. La crainte de
revoir Fanny, de l'embarrasser par sa présence,
d'être peut-être la cause de quelque scène dés·
agréable, surtout de la répugnance extrême qu'il se
sentait de rien discuter avec cette prétendue tante,
le décidèrent à retourner sur-le-champ à Oxford,

d'où il écrivit à mistriss Forward qu'une affaire im-
prévue le rappelant dans la capitale, il lui faisait ses
très-humbles excuses de manquer au rendez-vous
demandé; que d'ailleurs, dans cet entretien, il n'aurait pu que répéter ce qu'il avait déjà dit, et qu'ir-
révocablement décidé à ne rien changer à ses desseins, il attendait sa réponse à Londres. Plus tranquille après cette démarche, il se hâta de partir
dès cette nuit même pour aller rejoindre mistriss
Hartlay.

Il avait grand besoin de la retrouver. Indé-
pendamment des chagrins de l'absence, toujours
si cruels pour un amant, sir Edouard avait tant
d'autres peines à confier à l'amour! Avec un cœur
tendre et un caractère timide on sent bien mieux
qu'un autre le bonheur d'être aimé. Les ames fortes
se suffisent; elles pensent, agissent toujours : les
ames douces n'existent plus loin de l'objet qui règne
sur elles. Près de cet objet, elles peuvent tout; so-
litaires, elles ne sont rien. C'est le lierre qui, sans
son appui, tombe et sèche dans la poussière, mais
qui, s'attachant au chêne, s'élève avec lui verdoyant.

L'aimable veuve approuva la conduite de Selmours, et lui conseilla d'attendre patiemment des
nouvelles de mistriss Forward. Les éloges qu'il reçut
de son amante, les tendres sermens qu'elle renou-
vela, calmèrent les inquiétudes qui troublaient en-

core sir Edouard. Il passa la journée entière chez mistriss Hartlay, et ne la quitta que le soir pour se rendre chez M. Pikle. Son dessein était de l'instruire du résultat de son voyage, de l'aventure du bosquet, et de lui demander si, après cette aventure, il persistait encore dans l'opinion que Selmours dût épouser la maîtresse de M. Robert. M. Pikle n'était pas chez lui; Selmours, résolu de l'attendre, entra dans un café voisin, s'établit à une table, demanda du punch, et se mit à écouter les papiers du jour qu'un jeune homme lisait tout haut.

Que devint le pauvre Selmours en entendant lire dans ce papier le récit détaillé de toute son histoire! Le journaliste en rendait un compte très-exact et assez gai : il parlait de l'embarras extrême où se trouvait sir Edouard Selmours depuis qu'il avait eu le malheur d'hériter d'une succession immense, des consultations nombreuses qu'il avait faites dans Londres pour savoir comment se tirer d'une position si fâcheuse, et de son voyage à Oxford, où il avait été proposer le cas de conscience aux plus habiles professeurs de l'université : tout cela était accompagné de ces réflexions plus ou moins malignes, de ces personnalités mordantes, l'éternel aliment des méchans ou des sots, et qui sont la perfection de ce genre de satire aussi facile que méprisable.

Sir Edouard pensa s'évanouir en entendant cette lecture. Il promenait autour de lui des yeux timides et embarrassés, tremblant qu'il n'y eût dans ce café des personnes de sa connaissance. Heureux du moins de n'en point trouver, il se préparait à sortir, dans la crainte qu'il ne vînt quelqu'un qui pût le nommer, lorsque tout à coup il voit arriver son domestique conduisant un grand et beau jeune homme qui avait l'air extrêmement pressé. Le domestique lui montre son maître, et se retire aussitôt. Ce jeune homme s'avance vers lui; et d'une voix haute et fière qui attire l'attention de tout le café : N'est-ce pas vous, monsieur, lui dit-il, qui vous appelez sir Edouard Selmours?

A ce nom, toutes les personnes qui venaient de lire l'article où l'on rapportait l'histoire de sir Edouard Selmours se lèvent avec empressement, fixent sur lui des regards curieux, et font un cercle autour de sa table. Selmours, au désespoir d'être ainsi regardé, mais incapable de cacher son nom, répondit au jeune homme qu'il s'appelait ainsi. Ah! parbleu, reprit l'inconnu, je suis bien aise de vous rencontrer. Je vous suis depuis Oxford avec une très-vive impatience de vous joindre. — Je ne vous connais pas, monsieur : quelle affaire pouvons-nous avoir ensemble? — Elle ne sera pas longue à vous expliquer. Je.... — Si nous sortions d'ici, nous se-

rions plus à l'aise. — Point du tout, car il pleut.
D'ailleurs, comme vous voyez, je ne cherche pas le
mystère. Dans le moment vous allez être au fait.
J'aime depuis long-temps, dans le voisinage d'Oxford, une jeune et belle personne. Sa tante veut la
marier à un homme de vos amis qu'un hasard assez
peu honorable vient de rendre héritier d'une
grande fortune sur laquelle il n'avait aucun droit.
Je n'aime pas les héritiers, monsieur : c'est une
antipathie que jamais je n'ai pu vaincre; et je voudrais dire pourquoi je ne les aime pas à celui dont
il est question. Ne pourriez-vous point me faire avoir
un entretien tête-à-tête avec lui ? — Rien de si facile,
monsieur : l'héritier dont vous me parlez aime beaucoup les tête-à-tête, c'est un goût qu'il a toujours
eu; et, si vous voulez me suivre, vous serez satisfait
dans l'instant.

Non, pas à présent, il fait nuit, et j'aime à voir
clair quand je discute une affaire. Demain matin, si
vous le voulez bien. — Quand il vous plaira, monsieur. — Touchez là, sir Edouard; je suis plus content de vous que je ne l'espérais. — Cette réflexion
assure votre rendez-vous. — Voulez-vous me permettre de finir votre punch ? — De tout mon cœur.
A votre santé, monsieur. — A la vôtre, sir Edouard.

Tous deux alors s'asseyent sur le même banc,
boivent ensemble, et conviennent tout bas de se

trouver le lendemain à Hyde-Park , tandis que tout
ce qui était dans le café leur donne tout haut des
marques d'approbation , et les voit sortir en les ap-
plaudissant.

Le premier soin de Selmours fut d'aller s'assurer
de deux de ses amis pour lui servir de témoins. Le
combat devait avoir lieu, à six heures du matin , au
pistolet. Sir Edouard, rentré chez lui, s'occupait
moins de ce combat que des discours qu'il ferait
tenir. Ma querelle a été publique, disait-il; tout le
monde sera instruit que je vais me battre pour une
jeune peronne d'Oxford. On dira que je suis infidèle
à mistriss Hartlay; toutes les ames honnêtes m'ac-
cableront de leur mépris. Que pensera mistriss
Hartlay elle-même? Si je suis tué, je ne mérite pas
d'être regretté par elle : si je tue, il faudra m'enfuir,
ne plus la voir, renoncer à son cœur justement indigné contre moi. Il est bien étrange que, n'ayant
rien fait que la morale la plus austère, l'amour le
plus délicat puissent me reprocher, je me voie sur
le point de perdre et ma maîtresse et ma vie, et
l'estime du monde entier! Il faut écrire à mistriss
Hartlay : si je succombe, cette lettre lui dévoilera
ma conduite; si je suis vainqueur, elle l'engagera
peut-être à me pardonner.

Sur-le-champ sir Edouard se met à écrire : mais
à peine avait-il commencé, qu'il entend un grand

bruit dans son antichambre, et reconnaît la voix
de M. Pikle, qui se disputait pour entrer. Selmours
court au-devant de lui. Dès que M. Pikle l'aperçoit,
il s'élance dans ses bras avec un air de frayeur : Ah!
mon ami, lui dit-il, c'est à vous de me rendre la
vie. Je viens d'apprendre que demain.... Parlez plus
bas, interrompt Selmours en le faisant entrer dans
son cabinet. De quoi s'agit-il? Qu'avez-vous? Ce que
j'ai, répond vivement M. Pikle : je suis le plus malheureux des hommes.... Répondez-moi promptement : Est-il vrai que, dans un café, ce soir....? —
Cela n'est que trop vrai. Un étourdi, un fou que je
ne connais point, qui m'a suivi depuis Oxford, est
venu me chercher querelle : il se dit l'amant de Fanny,
de cette fille de mistriss Forward que vous m'or-
donniez d'épouser. Assurément je n'ai nulle envie
de lui disputer sa maîtresse : je suis même certain
qu'il en est aimé : mais sa provocation, son insulte
ont été publiques; il n'y a aucun remède à cela, et
j'espère demain matin corriger ce jeune étourdi. —
Le corriger; c'est-à-dire le tuer! Et savez-vous quel
est ce jeune homme? — Je viens de vous dire que
c'est l'amant de miss Fanny.... — C'est mon fils,
malheureux! mon fils! c'est le neveu de mistriss
Hartlay; c'est l'unique enfant de votre ancien ami;
et vous espérez l'égorger demain! Sir Edouard, je
vous estime assez pour croire inutile de vous dire

qu'il n'est plus ici question de ce misérable point
d'honneur, reste de la barbarie, de la férocité de
nos aïeux. Votre valeur est connue, elle ne peut être
suspecte; et vous seriez le dernier des hommes, si
vous étiez capable de sacrifier à un horrible préjugé
l'amour, l'amitié, la nature, le respect que vous
devez à ma vieillesse, à mon nom de père, à tous
les sentimens les plus chers, les plus sacrés même à
des sauvages.

Selmours demeurait immobile, glacé de surprise,
d'effroi, de douleur. Vous ne me répondez point,
reprend alors le vieillard avec un accent encore plus
animé; vous hésitez à me donner votre parole que
vous ne tremperez point vos mains dans le sang de
mon enfant, que vous ne m'enlèverez pas le seul
appui qui me reste! Quoi! un père, un vieillard,
votre ami, le frère de votre épouse, vient vous demander en pleurant de ne pas commettre un forfait
qui le ferait descendre au tombeau, et vous hésitez,
Selmours! Grand Dieu! voilà donc la vertu!
L'homme qui, pour sauver sa vie, sa maîtresse,
son honneur, ne voudrait jamais consentir à s'emparer du bien d'un autre homme, à lui faire le plus
léger tort, à le priver du moindre avantage; cet
homme, pour un faux honneur, pour un préjugé
misérable, atroce, insensé, que lui-même abhorre,
ne se fait aucun scrupule de priver un ami, un

vieillard, un père, de son fils, de son fils unique, de
son bien le plus précieux, du seul qu'on ne puisse
lui rendre, du seul qui, ne lui venant que de Dieu,
doit être sacré aux yeux des humains! et cet homme,
ce meurtaier, se croit vertueux et sensible! et cet
homme prétend à l'estime!.... Au nom du ciel,
écoutez-moi, sir Edouard. Robert vous a défié,
dites-vous, vous a insulté publiquement : hé bien!
je viens vous en demander pardon; je viens implorer
votre clémence : et, si cela ne suffit pas à votre barbare honneur, conduisez-moi où vous voudrez, in-
diquez-moi la place de Londres où vous voulez que
je paraisse, vous demandant le pardon que je vous
demande ici, embrassant vos genoux comme je le
fais, en les baignant de mes larmes, en baissant jusqu'à la poussière ces cheveux blancs qui ne vous
touchent point.

En disant ces mots, le vieillard se jette aux pieds
de Selmours, qui l'avait écouté jusque-là dans une
profonde méditation. Selmours se hâte de le relever, de le presser contre son sein; et lorsqu'il a re-
trouvé la voix que son émotion lui avait ôtée : Mon
ami, lui dit-il, mon ami, soyez sûr, soyez bien
certain que je fais tout ce qu'il est en mon pouvoir
de faire, en vous engageant ma parole sacrée de ne
point attaquer les jours de votre fils : comptez sur
cette parole. Mais j'exige à mon tour une grace de

vous : ne vous mêlez point de ceci; vos soins, vos raisons, vos démarches ne pourraient être que nuisibles. Ne parlez point à Robert; ne cherchez ni à le rencontrer ni à le suivre; demeurez tranquille chez vous jusqu'à demain matin : à huit heures rendez-vous ici. Vous m'y trouverez, je l'espère; alors vous pourrez servir à notre raccommodement. Si vous ne m'y trouvez pas, vous prendrez sur mon bureau cette lettre déjà commencée; vous la porterez à mistriss Hartlay, et vous serez instruit de tout ce que j'aurai fait. Ne m'en demandez pas davantage. Dans tous les cas, je vous réponds que votre fils n'aura couru aucun danger. Si vous faites la moindre démarche, je ne pourrais plus en répondre. Adieu, monsieur Pikle : j'ose vous promettre que vous serez content de moi. Il est minuit; retirez-vous, et laissez-moi le peu d'heures qui me restent pour prendre le repos dont j'ai besoin.

Le vieillard, frappé de l'air calme, noble et sensible à la fois avec lequel sir Edouard lui parlait; l'embrasse et serre sa main, en lui donnant sa parole de faire tout ce qu'il désire : il laisse en liberté Selmours; et celui-ci s'occupe alors d'écrire à mistriss Hartlay pour l'instruire de sa querelle, de sa douleur, de ses desseins, pour lui dire adieu s'il succombe, et lui jurer encore une fois qu'il est mort en l'adorant. Sa lettre était tendre, éloquente et raisonnée; elle fut souvent baignée de ses pleurs. Après l'avoir cachetée, il se coucha plus tranquille, et attendit le lendemain.

Dès cinq heures il fut debout. Il sortit seul avec ses armes, alla chercher ses témoins, et se rendit un peu avant six heures à l'endroit dont il était con-, venu. M. Robert y était déjà avec deux de ses amis. Les témoins commencèrent entre eux une assez vive contestation pour décider qui tirerait le premier. Sir Edouard les accorda bientôt, en déclarant qu'étant l'insulté, c'était à lui de tout décider, et que son désir, son usage n'était pas de tirer le premier. Alors les deux ennemis se placèrent à dix pas l'un de l'autre; et l'impatient Robert, visant à la tête de Selmours, perce et jette à quatre pas le chapeau de son adversaire. Sir Edouard froidement va relever son chapeau, le remet sur son front, fixe les yeux sur un jeune arbre, plus éloigné de lui que ne l'était Robert; et, lui tirant son coup de pistolet, il brise à moitié sa faible tige. Vous pouvez tirer encore, dit-il à Robert étonné.

Monsieur, lui répond le jeune homme, je ne comprends pas pourquoi vous dédaignez de m'ôter la vie. Votre générosité devient une espèce d'affront; je vous supplie de tirer sur moi, ou de m'expliquer cette étrange conduite. Je préfère l'un à l'autre, réplique sir Edouard, en s'approchant : vous êtes le fils de M. Pikle, mon ami depuis vingt ans ; loin d'attaquer vos jours, j'exposerais les miens pour les défendre. Vous êtes venu me provoquer, me faire même une insulte, pour m'empêcher d'épouser une jeune personne que j'ai déclaré formellement ne pas vouloir épouser. L'honneur me défendait de refuser un combat ; l'honneur me prescrivait d'exposer ma vie : mais il ne m'ordonnait pas d'attaquer la vôtre. Je n'ai point de colère contre vous ; je n'ai nul motif de vous haïr ; mais comme les préjugés de mon pays soumettent ma raison, mon sang-froid à votre folie, à votre fureur, si vous êtes encore fou et furieux, nous allons recommencer ; ensuite, si vous me manquez encore, je vous répéterai que je ne veux pas plus épouser miss Fanny que je ne veux tuer le fils de M. Pikle. Voilà l'explication de ma conduite : décidez-vous ; que voulez-vous faire ?

Vous demander pardon, monsieur, lui répondit le jeune Robert, vous supplier devant ces messieurs d'excuser mes torts et mon âge : l'amour, la jeunesse m'avaient égaré : votre conduite noble et grande me fait rougir de mon erreur. Recevez mes excuses, sir Edouard ; et, si mon repentir véritable et tout l'avantage que vous avez sur moi ne suffisent pas pour vous faire oublier mon offense, prononcez vous-même la réparation que vous exigez.

Sir Edouard, se tournant alors vers les quatre

témoins qui s'emparaient déjà des pistolets : Messieurs, dit-il, êtes-vous contens? Tous témoignèrent leur admiration. Hé bien! ajouta-t-il, je vous rends les garans de la parole que me donne M. Robert; il me prie de lui dicter la réparation que j'exige; la voici : Vous êtes tous instruits, messieurs, grace aux journalistes de Londres, du fameux testament de M. Mekelfort, et de l'embarras où je me suis trouvé à cause de miss Fanny. La tante de cette demoiselle a refusé l'offre que j'ai faite de lui donner la moitié de la succession; en me disant que sa nièce ne devait rien accepter que de la main d'un époux. Je demande à M. Robert de vouloir bien être cet époux; et j'exige, pour réparation de l'offense qu'il m'a faite, qu'il accepte de moi les cinq mille livres sterling de rente offertes inutilement à la tante de miss Fanny.

A ces mots, le jeune Robert se jette au cou de sir Édouard, et les témoins applaudissent. Tous se rendent à l'instant même chez Selmours, où le malheureux M. Pikle les attendait dans des transes mortelles. Robert se hâta de lui raconter ce qui venait de se passer. Ce bon M. Pikle versa des larmes. Pour la première fois de sa vie, il ne disputa contre personne; il ne persista point dans son premier avis, et donna son consentement à l'arrangement de Selmours. Celui-ci les quitta pour aller instruire mistriss Hartlay de toutes ses aventures. La sensible veuve, dès ce même jour, voulut lui donner sa main. M. Pikle courut à Oxford employer sa dialectique à persuader mistriss Forward : il en vint à bout en lui annonçant le mariage de Selmours : celui de Fanny et de Robert fut conclu peu de temps après. Les quatre époux vécurent ensemble, et vécurent heureux, malgré les disputes fréquentes de M. Pikle et de sir Édouard, qui convenait cependant que, dans certaines circonstances, il est quelquefois difficile *de contenter tout le monde.*

SÉLICO.

NOUVELLE AFRICAINE.

———

Sɪ l'on pouvait supposer, comme les Parsis le disent, que cet univers est soumis à deux principes, dont l'un fait le peu de bien que nous y voyons, et l'autre tout le mal dont il abonde, on serait tenté de croire que c'est en Afrique surtout que le mauvais principe exerce sa puissance. Nulle terre ne produit autant de poisons, de bêtes féroces, de reptiles venimeux. Le peu que nous savons de l'histoire de Maroc, des nègres d'Ardra, des Jaggas, des autres peuples de la côte, jusqu'au pays des Hottentots, doit prodigieusement ressembler à l'histoire des lions, des panthères, des serpens, si dignes de partager un si brûlant pays avec les rois cannibales qui font porter à la boucherie la chair de leurs prisonniers (1). Au milieu de ces dégoûtantes horreurs, parmi ces monstres sanguinaires, dont les uns ven-

(1) Lisez les Voyages de Philips, de Smith, de Bosman, de Barbot, de Snelgrave, et la lettre du facteur Lamb, long-temps prisonnier du roi de Dahomai. C'est surtout d'après ces deux derniers que j'ai peint les mœurs, les usages des nègres de Juida, sans me permettre aucune exagération.

17.

dent leurs enfans, dont les autres mangent leurs
captifs, on trouve pourtant quelquefois de la justice
naturelle, de la véritable vertu, de la constance dans
la douleur, et un généreux mépris de la mort. Ces
exemples, tout rares qu'ils sont, suffisent pour nous
intéresser à ces êtres dégradés, pour nous rappeler ce que sont des hommes : ainsi, dans un
désert aride, deux ou trois plantes de verdure que
le voyageur consolé découvre de loin en loin l'aver-
tissent encore qu'il est sur la terre.

Dans le royaume de Juida, situé sur la côte de
Guinée, par-delà le cap des Trois-Pointes, non loin
de la ville de Sabi, sa capitale, vivait en 1727 une
pauvre veuve appelée Darina. Elle était mère de trois
fils qu'elle avait élevée avec une tendresse commune heureusement dans la nature, mais rare dans
ces climats, où les enfans sont regardés comme un
objet de commerce, et vendus, pour être esclaves,
par leurs parens dénaturés. L'aîné de ses fils se
nommait Gubéri, le second Téloué, le dernier Sélico. Tous trois étaient bons et sensibles : ils ado-
raient leur bonne mère, qui, déjà vieille et infirme,
ne vivait plus que par leurs soins. Les richesses de
cette famille se bornaient à une cabane où ils habitaient ensemble, à un petit champ contigu, dont le
maïs les nourrissait. Tous les matins, chacun à son

tour, l'un des trois frères allait à la chasse, l'autre travaillait au champ, le troisième restait avec sa mère. Le soir ils se réunissaient : le chasseur apportait des perdrix, des perroquets ou quelque rayon de miel ; l'agriculteur revenait avec des ignames ; celui qui était resté à la maison avait pris soin de préparer le repas commun : ils soupaient tous les quatre ensemble en se disputant le plaisir de servir leur mère ; ils recevaient ensuite sa bénédiction, et, couchés sur la paille à côté les uns des autres, ils se livraient au sommeil en attendant le jour suivant.

Sélico, le plus jeune de ses frères, allait souvent à la ville porter les prémices de la moisson, les offrandes de la pauvre famille, au temple du principal dieu du pays. Ce dieu, comme on sait, est un grand serpent, de l'espèce de ceux appelés *fétiches*, qui n'ont point de venin, ne font aucun mal, dévorent au contraire les serpens venimeux, et sont si vénérés à Juida, qu'on regarderait comme un crime horrible d'oser en tuer un seul : aussi le nombre de ces serpens sacrés s'est-il multiplié à l'infini ; au milieu des villes et des villages, dans l'intérieur des maisons, on rencontre à chaque pas ces dieux, qui viennent familièrement manger à la table de leurs adorateurs, se coucher près de leur foyer, faire leurs petits dans leur lit ; et l'on regarde cette faveur comme le plus heureux des présages.

Parmi les nègres de Juida Sélico était le plus noir, le mieux fait, le plus aimable; il avait vu dans le temple du grand serpent la jeune Bérissa, la fille du chef des prêtres, qui, par sa taille, sa beauté, sa grace, l'emportait sur toutes ses compagnes. Sélico brûlait pour elle, et Sélico était aimé : tous les mercredis, jour consacré chez les nègres au repos et à la religion, le jeune amant se rendait au temple; il y passait la journée près de sa chère Bérissa; il lui parlait de sa mère, de son amour, du bonheur dont ils jouiraient quand l'hymen les aurait unis. Bérissa ne lui cachait point qu'elle soupirait après cet instant; et le vieux Farulho son père, qui approuvait ces doux nœuds, leur promettait, en les embrassant, de couronner bientôt leur tendresse.

Enfin ils voyaient arriver cette époque si désirée; le jour en était indiqué : la mère de Sélico, ses deux frères, avaient déjà préparé la cabane des nouveaux époux, lorsque le fameux Truro Audati, roi de Dahomai, dont les rapides conquêtes ont été célèbres même dans l'Europe, envahit le royaume d'Ardra. Il extermina ses habitans, et, s'avançant à la tête de sa formidable armée, ne s'arrêta qu'au grand fleuve qui le séparait du roi de Juida. Celui-ci, prince faible, lâche, gouverné par ses femmes et ses ministres, ne pensa pas seulement à opposer quelques troupes à celles du conquérant : il crut que les dieux du pays

sauraient bien en défendre l'entrée; et fit conduire
au bord du fleuve tous les serpens fétiches qu'on put
rassembler. Le Dahomai, surpris et piqué de n'avoir
à combattre que des reptiles, se jette à la nage avec
ses soldats, gagne l'autre bord ; et bientôt les dieux,
dont on attendait des miracles, sont coupés par morceaux, rôtis sur des charbons, et dévorés par les
vainqueurs. Alors le roi de Juida, n'espérant plus
qu'aucun effort pût le sauver, abandonna sa capitale, alla se cacher dans une île lointaine; et les guerriers d'Audati (1), se répandant au milieu de ses
États, le fer, la flamme à la main, brûlèrent les mois-
sons, les villes, les villages, et massacrèrent sans
pitié tout ce qu'ils trouvèrent de vivant.

La terreur avait dispersé le peu d'habitans échappés au carnage : les trois frères, à l'approche des
vainqueurs, avaient chargé leur mère sur leurs
épaules, et s'étaient allés cacher dans les bois. Sélico ne voulut pas quitter Darina tant qu'elle fut
exposée au moindre péril; mais il ne la vit pas plus
tôt en sûreté, que, tremblant pour Bérissa, il courut
à Sabi pour s'informer de son sort, pour la sauver
ou périr avec elle. Sabi venait d'être prise par les
Dahomais : les rues étaient pleines de sang, les maisons pillées, détruites; le palais du roi, le temple du

---

(1) Cette conquête de Truro Audati, le Gengis-Kan de
l'Afrique, se fit au mois de mars 1727.

serpent, n'étaient que des ruines fumantes, couvertes de cadavres épars, dont les barbares, selon
leur coutume, avaient emporté les têtes. Le malheureux Sélico, au désespoir, souhaitant la mort,
l'affrontant mille fois parmi cette soldatesque ivre
d'eau-de-vie et de sang; Sélico parcourut ces affreux
débris, cherchant Bérissa et Farulho, les appelant
avec des cris de douleur, et ne pouvant reconnaître
leurs corps au milieu de tant de troncs mutilés.

Après avoir consacré cinq jours à cette épouvantable recherche, ne doutant plus que Bérissa et son
père n'eussent été les victimes des féroces Dahomais,
Sélico prit le parti de retourner près de sa mère. Il
la retrouva dans le bois où il l'avait laissée avec ses
frères. La douleur sombre de Sélico, son air, ses
regards farouches, effrayèrent la triste famille. Darina pleura son malheur : elle essaya des consola-
tions auxquelles son fils paraissait insensible; il
refusait tous les alimens, il paraissait résolu à se
laisser mourir de faim. Gubéri et Téloué ne cher-
chèrent pas à l'en détourner par des raisons, par
des caresses, mais ils lui montrèrent leur vieille mère
qui n'avait plus ni maison ni pain, qui n'avait plus
rien au monde que ses enfans, et lui demandèrent
si à cette vue il ne se sentait pas le courage de
vivre.

Sélico le promit; Sélico s'efforça de ne plus

songer qu'à partager avec ses deux frères les tendres soins qu'ils donnaient à la vieille. Ils s'enfoncèrent dans les bois, s'éloignèrent davantage de Sabi, se bâtirent une cabane dans un vallon écarté, et tâchèrent de suppléer, par leur chasse, au maïs, aux légumes qui leur manquaient.

Privés de leurs arcs, de leurs flèches, de tous les meubles nécessaires qu'ils n'avaient pas eu le temps d'emporter, ils éprouvèrent bientôt les besoins de la misère. Les fruits étaient rares dans ces forêts, où le nombre prodigieux des singes les disputait encore aux trois frères. La terre ne produisait que de l'herbe. Ils n'avaient point d'instrumens pour la labourer, point de graine pour y semer. La saison des pluies arriva, et l'horrible famine se fit sentir. La pauvre mère, toujours souffrante sur un lit de feuilles sèches, ne se plaignait pas, mais elle se mourait. Ses fils, exténués de faim, ne pouvaient plus aller dans les bois inondés de toutes parts : ils dressaient des pièges aux petits oiseaux qui s'approchaient de leur cabane ; et, lorsqu'ils en prenaient quelqu'un, ce qui arrivait rarement, puisqu'ils n'avaient pas même d'appât, ils le portaient à leur mère, ils le lui présentaient en s'efforçant de sourire ; et la mère ne le mangeait point, parce qu'elle ne pouvait pas le partager avec ses enfans.

Trois mois se passèrent sans apporter aucun

changement à cette affreuse situation. Forcés enfin
de prendre un parti, les trois frères tinrent conseil
à l'insu de Darina. Gubéri proposa le premier de
s'acheminer jusqu'à la côte; et là, de vendre l'un
d'entre eux au premier comptoir des Européens,
pour acheter avec cet argent du pain, du maïs, des
instrumens d'agriculture, tout ce qu'il faudrait pour
nourrir leur mère. Un morne silence fut la réponse
des deux frères. Se séparer, se quitter pour jamais,
devenir esclave des blancs! cette idée les fait frémir.
Qui sera vendu? s'écria Téloué avec un douloureux
accent. Le sort en décidera, lui répondit Gubéri;
jetons trois pierres inégales au fond de ce vase d'ar-
gile; mêlons-les ensemble; celui qui tirera la plus
petite sera l'infortuné... Non, mon frère, interrompt
Sélico : le sort a déjà prononcé; c'est moi qu'il a
rendu le plus malheureux : vous oubliez donc que
j'ai perdu Bérissa ; que vous seuls m'avez empêché
de mourir, en me disant que je serais utile à ma
mère. Acquittez votre parole; voici le moment;
vendez-moi.

Gubéri et Téloué voulurent s'opposer en vain au
généreux dessein de leur frère, Sélico repoussa leurs
prières, refusa de tirer au sort, et menaça de s'en
aller seul si l'on s'obstinait à ne pas le conduire. Les
deux aînés cédèrent enfin. Il fut convenu que Gubéri resterait avec la mère, que Téloué accompagne-

rait Sélico jusqu'au fort des Hollandais, où il recevrait le prix de la liberté de son frère, et qu'il reviendrait ensuite avec les provisions dont on avait besoin. Pendant cet accord, Sélico fut le seul qui ne pleura point; mais combien il eut de peine à retenir, à cacher ses larmes, quand il fallut quitter sa mère, lui dire un éternel adieu, l'embrasser pour la dernière fois, et la tromper encore, en lui jurant qu'il reviendrait bientôt avec Téloué; qu'ils allaient seulement tous deux visiter leur ancienne demeure, voir s'ils ne pourraient pas rentrer dans leur héritage! La bonne vieille les crut; elle ne pouvait cependant s'arracher des bras de ses fils; elle tremblait des dangers qu'ils allaient braver; et, par un pressentiment involontaire, elle courut après Sélico, quand celui-ci disparut à ses yeux.

Les deux jeunes frères, dont on n'aurait pu distinguer le plus à plaindre, arrivèrent en peu de jours à la ville de Sabi. Les meurtres avaient cessé, la paix commençait à renaître; le roi de Dahomai, possesseur tranquille des Etats de Juida, voulait faire fleurir le commerce avec les Européens, et les appelait dans ses murs. Plusieurs marchands anglais et français étaient admis à la cour du monarque, qui leur vendait ses nombreux prisonniers, partageait à ses soldats les terres des vaincus. Téloué trouva bientôt un marchand qui lui offrit cent écus de son jeune frère. Comme il hésitait, comme il tremblait de tous ses membres, en disputant sur cet horrible marché, une trompette se fait entendre dans la place, et un crieur public proclame à haute voix que le roi de Dahomaï promettait quatre cents onces d'or à celui qui livrerait vivant un nègre inconnu, qui, la nuit précédente, avait osé profaner le sérail du monarque, et s'était échappé vers l'aurore à travers les flèches des gardes.

Sélico entend cette proclamation, fait signe à Téloué de ne pas conclure avec le marchand; et tirant son frère à l'écart, il lui dit ces paroles d'une voix ferme :

Tu dois me vendre; et je l'ai voulu pour faire vivre ma mère : mais la modique somme que ce blanc vient de t'offrir ne peut pas la rendre riche. Quatre cents onces d'or assureraient à jamais une grande fortune à Darina et à vous : il faut les gagner, mon frère; il faut me lier tout à l'heure, et me conduire devant le roi comme le coupable qu'il cherche. Ne t'effraie pas; je sais, comme toi, quel est le supplice qui m'attend; j'en ai calculé la durée, elle ne passera pas une heure : lorsque ma mère me mit au monde, elle souffrit plus long-temps.

Téloué tremblant ne put lui répondre; pénétré d'effroi, de tendresse, il tombe à ses genoux, le

presse, le supplie par le nom de sa mère, par celui
de Bérissa, par tout ce qu'il avait aimé, de renoncer
à ce dessein terible. De qui me parles-tu? répond
Sélico avec un sourire amer. J'ai perdu Bérissa; je
veux la rejoindre; je sauve ma mère par mon trépas,
je rends mes frères riches à jamais, je m'épargne un
esclavage qui peut durer quarante années. Mon
choix est fait; ne me presse plus, ou je vais me
livrer moi-même. Tu perdras le fruit de ma mort,
et tu causeras le malheur de celle à qui nous devons
la vie.

Intimidé par l'air, par le ton avec lequel Sélico
prononce ces dernières paroles, Téloué n'ose ré-
pliquer; il obéit à son frère, va chercher des cordes,
lui lie les deux bras derrière le dos, le baigne de
pleurs en serrant les nœuds; et, le conduisant devant lui, il marche au palais du roi.

Arrêté par les premières gardes, il demande à
parler au monarque. On va l'annoncer; il est in-
troduit. Le roi de Dahomai, couvert d'or et de
pierreries, était à demi couché sur un sopha d'é-
carlate, la tête appuyée sur le sein de ses favo-
rites, vêtues de jupes de brocart, et nues de la
ceinture en haut. Les ministres, les grands, les ca-
pitaines, superbement habillés, étaient prosternés
à vingt pas du roi; les plus braves étaient distin-
gués par un collier de dents humaines, dont cha-

cune attestait une victoire (1); plusieurs femmes, le
fusil sur l'épaule, veillaient aux portes de l'appartement; de grands vases d'or, remplis de vins de pal-
mier, d'eau-de-vie, de liqueurs fortes, étaient placés
pêle - mêle à peu de distance du roi, et la salle était
pavée des crânes de ses ennemis (2).

Souverain du monde, lui dit Téloué en baissant
son front jusqu'à terre, je viens, d'après tes ordres
sacrés, livrer dans tes mains..... il n'achève pas, sa
voix expire sur ses lèvres. Le roi l'interroge; il ne
peut répondre. Sélico prend alors la parole :

Roi de Dahomai, dit-il, tu vois devant toi le coupable qui, entraîné par un funeste amour, a pénétré la nuit dernière dans l'enceinte de ton sérail.
Celui qui me tient enchaîné fut assez long-temps
mon ami pour que je ne craignisse pas de lui confier mon secret. Par zèle pour ton service, il a trahi
l'amitié; il m'a surpris dans mon sommeil; il m'a
chargé de liens, et vient te demander sa récompense : donne-la-lui, le malheureux l'a gagnée.

Le roi, sans daigner lui répondre, fait signe à
l'un de ses ministres, qui vient s'emparer du coupable, le livre aux femmes armées, et remet à Téloué les quatre cents onces d'or. Celui-ci, chargé

---

(1) *Histoire des Voyages*, tome III, page 58.
(2) *Voyage d'Atkins*, etc.

de cet or qui lui fait horreur à toucher, court
acheter des provisions, et sort précipitamment de
la ville pour les porter à sa mère.

Déjà, par l'ordre du monarque, on préparait
l'affreux supplice dont à Juida l'on punit l'adultère
avec les femmes du roi. Deux grandes fosses sont
creusées à peu de distance l'une de l'autre. Dans
celle destinée à l'épouse coupable, on attache l'infortunée à un poteau; et toutes les femmes du sérail,
vêtues de leurs plus beaux habits, portant de grands
vases remplis d'eau bouillante, viennent au son des
tambours et des flûtes, répandre cette eau sur sa
tête jusqu'à ce qu'elle ait expiré. L'autre fosse contient un bûcher, au-dessus duquel on place en travers une longue barre de fer que soutiennent deux
pieux élevés : on lie à cette barre le criminel, qui
n'est atteint seulement que par l'extrémite des flammes; et périt ainsi dans de longs tourmens.

La place était remplie de peuple. L'armée entière
sous les armes formait un bataillon carré, hérissé
de fusils et de dards. Les prêtres, en habits de cérémonie, attendaient les deux victimes pour leur
imposer les mains et les dévouer au trépas. Elles
arrivèrent de différens côtés, conduites par les
femmes armées. Sélico, calme et résigné, marchait
la tête levée. Arrivé près du poteau, il ne put s'empêcher de jeter les yeux sur la compagne de son in-

fortune. Quelle est sa surprise, quelle est sa douleur
en reconnaissant Bérissa! Il jette un cri, veut s'é-
lancer vers elle; mais ses bourreaux le retiennent.
Bientôt ce premier mouvement fait place à l'indignation : Malheureux! dit-il à lui-même, tandis que
je la pleurais, tandis que je cherchais la mort dans
l'espérance de la rejoindre, elle était au nombre de
ces viles maîtresses qui se disputent le cœur d'un
tyran! Non contente de trahir l'amour, elle était
encore infidèle à son maître; elle méritait le nom
d'adultère, et le châtiment dont on les punit! O ma
mère, c'est pour toi seule que je meurs, c'est à toi
seule que je veux penser.

Au même instant l'infortunée Bérissa, qui vient
de reconnaître Sélico, pousse des cris, appelle les
prêtres, et leur déclare à haute voix que le jeune
homme qu'ils font périr n'est pas celui qui pénétra
dans le sérail; elle le jure à la face du ciel, par les
montagnes, par le tonnerre, de tous les fétiches le
plus redouté. Les prêtres intimidés font suspendre
le sacrifice, et courent avertir le roi, qui lui-
même se rend sur la place.

La colère et l'indignation se peignaient sur le
front du monarque en s'approchant de Bérissa : Esclave, lui dit-il d'une voix terrible, toi qui dédai-
gnas l'amour de ton maître, toi que je voulais élever
au rang de ma première épouse, et que j'ai laissé

vivre malgré ton refus, quel est donc ton projet en
osant nier le crime de ton complice? Espères-tu le
sauver? Si ce n'est pas là ton amant, nomme-le
donc, fille coupable; indique-le à ma justice, et je
délivre l'innocent.

Roi de Dahomai, répond Bérissa, déjà liée au
fatal poteau, je ne pouvais accepter ton cœur; le
mien n'était plus à moi; je n'ai pas craint de te le
dire. Penses-tu que celle qui n'a pas menti pour
partager une couronne pourrait mentir au moment d'expirer? Non, j'ai tout avoué; je renou-
velle mes aveux. Un homme a pénétré cette nuit
jusque dans mon appartement; il n'en est sorti
qu'à l'aurore : mais cet homme n'est pas celui-là.
Tu me demandes de le nommer : je ne le dois ni
ne le veux. Je suis prête à la mort : je sais que rien
ne peut me sauver, et je ne prolonge ces affreux
momens que pour t'empêcher de commettre un
crime. Je te le jure de nouveau, roi de Dahomai, le
sang de cet innocent doit retomber sur ta tête. Fais-
le délivrer, et fais-moi punir. Je n'ai plus rien à te
dire.

Le roi fut frappé des paroles de Bérissa, de l'accent dont elle les prononçait; il n'ordonnait rien ;
il baissait la tête, et s'étonnait de la répugnance
secrète qu'il se sentait cette fois à répandre un peu
de sang. Mais, réfléchissant que ce nègre s'était ac-

cusé lui-même, attribuant à l'amour l'intérêt que
Bérissa témoignait pour lui, toute sa fureur renaît.
Il fait un signe aux bourreaux : aussitôt le bûcher
s'allume; les femmes se mettent en marche avec leurs
vases d'eau bouillante, lorsqu'un vieillard haletant,
couvert de blessures et de poussière, perce la foule
tout à coup, arrive, tombe aux pieds du roi.

Arrête, lui dit-il, arrête : c'est moi qui suis le
coupable ; c'est moi qui ai franchi les murs de ton
sérail pour en enlever ma fille. J'étais autrefois le
prêtre du dieu qu'on adorait ici : on arracha ma
fille de mes bras, on la conduisit dans ton palais.
J'ai cherché depuis ce temps l'occasion de la revoir.
Cette nuit, je suis parvenu jusque auprès d'elle. Vai-
nement elle a tenté de me suivre; les gardes nous
ont aperçus. Je me suis échappé seul à travers les
flèches dont tu me vois atteint. Je viens te rendre ta
victime, je viens expirer avec celle pour qui seule
j'aimais la vie.

Il n'avait pas achevé, que le roi commande à ses
prêtres de détacher les deux malheureux, de les
amener à ses pieds. Il interroge Sélico, il veut savoir quel puissant motif a pu l'engager à venir chercher un si douloureux supplice. Sélico, dont le
cœur palpitait de joie de retrouver Bérissa fidèle,
ne craint pas de tout révéler au monarque : il lui
raconte ses malheurs et l'indigence de sa mère, et

la résolution qu'il avait prise de gagner pour elle les. quatre cents onces d'or. Bérissa, son père, écou- taient en versant des larmes d'admiration ; les chefs, les soldats, le peuple, étaient attendris ; le roi sen- tait couler des pleurs qui jamais n'avaient baigné ses joues : tel est le charme de la vertu, les barbares mêmes l'adorent.

Après avoir entendu Sélico, le roi lui tend la main, le relève ; et se tournant vers les marchands européens que ce spectacle avait attirés : Vous, dit-il, à qui la sagesse, l'expérience, les lumières d'une longue civilisation, ont si bien appris, à un écu près, ce que peut valoir un homme, combien estimez-vous celui-là ? Les marchands rougirent de cette question. Un jeune Français, plus hardi que les autres, s'écria : Dix mille écus d'or. Qu'on les donne à Bérissa, répondit aussitôt le roi, et qu'avec cette somme elle n'achète point, mais qu'elle épouse Sélico.

Après cet ordre, exécuté sur l'heure, le roi de Dahomai se retire, surpris de sentir une joie qu'il n'avait pas encore connue.

Farulho, ce même jour, donna sa fille à Sélico. Les nouveaux époux, suivis du vieillard, partirent dès le lendemain avec leur trésor pour aller trouver Darina. Elle pensa mourir de sa joie, ainsi que les frères de Sélico. Cette vertueuse famille ne se sépara plus, jouit de ses richesses; et, dans un pays barbare, offrit long-temps le plus bel exemple que le ciel puisse donner à la terre, celui du bonheur et de l'opulence produits par la seule vertu.

FIN DU TOME PREMIER.

TABLE DES NOUVELLES

CONTENUES DANS CE VOLUME.

FIN DE LA TABLE.

www.ingramcontent.com/pod-product-compliance
Lightning Source LLC
Chambersburg PA
CBHW060026100426
42740CB00010B/1616